우리가
음식을 먹을 때
말하지 않는 것들

우리가 음식을 먹을 때 말하지 않는 것들

건강, 불평등, 기후위기를 오가는 식탁 위 정치

매리언 네슬, 케리 트루먼
솝희 옮김

Let's Ask Marion

현암사

목차

1
식탁 위의 고민들

2
대체 음식과 정치가 무슨 상관이에요?

3

맛있는 음식과 건강한 세계는 연결되어 있다

2002년 제가 쓴 책 『식품정치Food Politics』가 처음 나왔을 때, 사람들의 처음 반응은 "대체 음식과 정치가 무슨 관계가 있다는 거지?"였습니다. 그로부터 수년이 지났지만, 여전히 같은 질문을 받고 있습니다. 이 책은 그 질문에 대한 저의 대답이라고 할 수 있습니다.

우리가 매일 먹고 즐기는 음식은 우리와 지구의 건강에 어떤 영향을 미치느냐와 별개로, 음식을 판매하는 식품 회사의 힘에 영향을 받습니다. 성장과 생식, 생존에 필요한 영양과 에너지를 얻기 위해 인간은 먹지 않을 수 없습니다. 저는 이 책을 통해 인간의 생존에 꼭 필요한 물질이 어떻게 문화, 정체성, 사회 계층, 불평등, 권력의 영향을 받는지 살펴보려고 합니다. 그리고 그것들이 어떻게 21세기 우리 사회에서 정부와 기업, 시민 사회의 역할을 논하는 정치적 논쟁의 중심이 되었는지 이야기해보려고 합니다.

저는 기초 과학을 공부했지만(버클리에서 분자 생물학으로 박사학위를 받았습니다) 주로 공중보건 영양학자와 식품학자로서 활동해왔습니다. 이쪽 분야에서 오늘날 빅 쓰리Big Three로 불리는 가장 큰 세 가지 문제는 기아(전 세계에서 대략 10억 명이 고통받고 있습니다), 비만(20억 명이 고통받고 있으며 계속 늘고 있죠), 기후 변화(우리가 모두 영향을 받고 있습니다)입니다. 이 세 가지는 적어도 한 가지 공통점을 가지고 있죠. 모두 역기능적인 푸드 시스템에 영향을 받고 있다는 사실입니다. 푸드 시스템이란 제조부터 섭취의 과정에서 한 식품에 발생하는 전체를 아우르는 용어인데, 이는 궁극적으로 정치와 경제 시스템에 영향을 받을 수밖에 없습니다. 우리가 기아를 없애고, 과도한 체중 증가에서 비롯된 건강상의 문제를 예방하며, 환경을 보호하기 위해서는 이런 문제를 발생시키고 지속하게 만드는 원인을 이해하고 맞서서 대응해야 합니다.

저는 수십 년에 걸쳐 정치가 푸드 시스템에 영향을 주고 왜곡시키는 방식에 대해 연구하고, 글을 쓰고, 가르쳐왔습니다. 그동안 변한 것이 있다면, 음식에 관심을 가지고 건강과 환경에 좋은 영향을 미치는 푸드 시스템을 옹호하는 대중이 폭발적으로 늘어났다는 점입니다. 요즘에는 건강하고 환경을 파괴하지 않으면서 지속 가능한 개인의 식단을 위한 '포크로 지지하기 voting with forks'*와 '투표로 지지하기 voting with votes' 캠페인 활동을 열심히 하고 있습니다. 이런 활동들은 사람들이 더 좋은 식품을 쉽게 구할 수 있도록 만들고, 식품의 생산과 준비, 또는 제공하는 일을 하는 모두가 적절한 보상을 받으며, 환경을 보호하고 유지하는 방식의 시스템을 지지하도록 만드는 정치적 행위라고 할 수 있습니다.

---

* 패스트푸드를 먹지 않으며 지역 농가와 산업을 지지하는 운동

앞에서도 말했듯이, 저는 2002년부터 식품의 정치학과 관련된 책들을 쓰고, 편집하는 일에 참여해왔습니다. 여기에는 수백 장에 걸친 구체적 논의들과 방대한 참고 자료가 포함되어 있을 것입니다. 뚜렷하고 이해하기 쉬운 글을 쓰려고 최선을 다하고 있지만, 사람들이 나에게 핵심을 간추려 달라는 부탁을 자주 하는 걸 보면, 확실히 제 책을 부담스럽게 여긴다는 생각이 들었습니다. 내가 쓴 책을 직접 읽었으면 좋겠다는 바람 때문만이 아니라 글을 짧게 쓰는 것이 쉽지 않다고 생각했기 때문에 그동안은 그런 부탁을 거절했었죠. 그러다 2008년부터 2013년까지 한 달에 한 번씩 「샌프란시스코 크로니클San Francisco Chronicle」지의 푸드 섹션에 칼럼을 기고하게 되었습니다. 그때의 칼럼들은 독자의 질문에 답을 하는 형식이었지만, 사실 질문하는 독자들이 많지 않아서 글을 쓰는 일이 쉽지 않았습니다.

하지만 내 친구 케리 트루먼Kerry Trueman과의 소통은 정말 즐거웠습니다. 케리는 헌신적인 환경 운동가로, 블로그에 종종 음식 관련 문제에 관한 글을 올리며 때

때로 관련 있는 주제에 관한 내 의견을 묻곤 했습니다.

그 질문들은 뉴스에 나오는 구체적인 사건에 관한 것일 때도 있고, 더 보편적인 주제를 담고 있을 때도 있었습니다. 개인적인 차원과 정치적인 차원, 식품의 제조부터 섭취, 국내 문제부터 세계적인 문제까지, 넓은 영역에 걸쳐 있습니다. 내가 이전에는 생각해보지 못했던 질문들은 까다롭게 느껴지기도 했지만, 그 질문이 던진 주제들은 무척 흥미로웠습니다. 마침 푸드 시스템에 관한 지금의 생각을 간결하게 쓸 수 있는 좀 더 수월한 방법을 찾고 있었고, 케리와 내가 나누었던 이야기를 책으로 내면 어떨까 하는 생각이 떠올랐습니다. 기쁘게도 케리는 저의 제안을 받아주었고, 이 책은 우리 두 사람이 함께 노력한 결과로, 케리의 협조가 없었다면 불가능했을 것입니다.

저는 이 짧은 글을 통해서나마 사람들이 인류와 지구를 위해 더 건강한 푸드 시스템을 지지하게 만들고 싶습니다. 이 책에서는 식량과 식품의 생산, 가공, 손질, 판매하는 기업들을 가리켜 '식품 산업food industry'이라는 용어를 썼습니다. 식품 산업에는 농산물 생산자와 외식 사업자가 포함되지만, 논의의 대부분은 우리가 일반적으로 슈퍼마켓에서 구매하는 식품을 생산하고 가공하는 기업과 관련이 있습니다.

현재 정치 상황에서는 식품이 건강에 미치는 영향을 고려하지 않을 뿐만 아니라 식품 산업이 판매를 하는 방식에 대한 규제가 거의 이루어지지 않고 있습니다. 이것은 우리를 포함해 많은 나라의 정부가 산업에 '발목 잡힌' 상태로 영향을 받아왔기 때문이죠. 이뿐만 아니라 대부분의 시민 공동체는 산업의 마케팅 행태에 구속력을 요구할 만큼의 힘이 없는 것이 사실입니다. 그러니까 우리 모두가 제대로 알고 항의하는 것은 더 건강하고 지속 가능한 푸드 시스템을 구축하는 일이기도 할 것입니다.

이 책의 주제를 정할 때 정치가 개인의 식단 선택 미치는 영향, 국가와 연관된 식품 환경, 현재 푸드 시스템의 세계적 추세, 이 세 가지는 반드시 다루어야 한다고 생각했습니다. 그래서 질문들을 그렇게 세 가지 부로 나누어 구성했습니다. 그리고 세부적인 장에서는 왜, 그리고 어떻게 식품이 정치적일 수 있는지, 경제적 사정에 상관없이 모두를 위해 더 나은 푸드 시스템을 만들기 위해 무엇을 해야 하는지와 더불어 우리가 가장 자주 듣는 질문들도 포함하고 싶었습니다. 몇몇 주제들은 반복적으로 등장하는데, 특히 다음과 같은 주제들을 주목해서 읽으면 좋을 것 같습니다.

음식은 삶의 큰 즐거움 중 하나다. 이것을 첫 번째로 꼽는 이유는 음식과 음식 관련 문제들에 대한 제 생각의 기본이기 때문입니다. 음식은 영양가가 있을 뿐만 아니라 맛있고, 인류 문화에서 가장 큰 즐거움이라고 할 수 있으니까요.

음식은 정치적이다. 우리 모두 음식을 먹으며, 그렇기 때문에 우리 모두 푸드 시스템에 지분이 있습니다. 하지만 주요 이해 당사자라고 할 수 있는 생산자, 제조업자, 판매자, 농가와 식당 근로자, 식품을 먹는 소비자는 동등한 권력을 가지고 있지 않습니다. 소비자는 식품이 구하기 쉽고, 문화적으로 적절하며,

몸에 좋을 뿐만 아니라 맛있기를 바라겠죠. 반면 노동자는 정당한 대가를 바라고, 생산자와 여타 산업 관계자들은 이윤을 내길 바라는 것이 당연합니다. 각 이해 당사자는 서로 충돌할 수 있고 실제로 충돌하는데, 특히 건강, 공평성, 환경 보호라는 사회적 가치보다 이익이 우선할 때 그런 일이 생깁니다.

'푸드 시스템'은 음식과 관련된 문제를 설명하는 데 도움을 준다. 앞서 설명한 바와 같이, 푸드 시스템이라는 말은 하나의 식품이 재배, 저장, 운송, 가공, 준비, 판매되고 소비되며 버려지기까지 전 과정을 가리킵니다. 식품이 제조되는 방식을 알면 음식의 진짜 효용과 가격은 물론, 우리의 건강과 환경에 미치는 영향에 관해 많은 것들을 설명할 수 있습니다. 푸드 시스템 역시 정치적이라 할 수 있는 사회, 문화, 경제 시스템의 더 큰 맥락 안에서 작동하는 것은 물론입니다.

'울트라 가공식품ultraprocessed'이 '정크 푸드junk foods'보다 더

정확한 용어다. 울트라 가공식품은 산업적으로 생산되며 원재료의 형태를 찾아볼 수 없고, 가정에서 전혀 사용되지 않는 첨가물을 포함하는 식품을 말합니다. 울트라 가공식품의 섭취가 건강에 좋지 않다는 것을 보여주는 연구가 점점 늘어나고 있습니다.

건강한 식단의 원칙은 잘 확립되어 있다. 세부 사항에 관해서는 이견이 있을 수 있겠지만, 건강한 식단은 울트라 가공식품을 최소화하거나 피하면서 채식 위주(꼭 채식만 할 필요는 없습니다)로 적당한 칼로리를 포함한 식단을 말합니다. 그런 건강한 식단은 사람 뿐만 아니라 당연히 환경에도 더 좋겠죠.

식품 산업은 음식을 선택하는 것에 영향을 미친다. 문화적, 사회적, 경제적 요소뿐만 아니라 식품 산업의 마케팅과 로비 활동 역시 우리가 무엇을 먹을지 선택하는 것에 영향을 미칩니다. 식품 산업의 우선 과제는 제품을 판매하여 이해 당사자들에게 이윤을 돌려주는 것입니다. 건강과 환경을 추구하는 것이 이익을 내는 것과 무관하다면 이를 고려하는 일은 결정적으로 나중 문제가 되고 맙니다.

푸드 시스템은 환경에 영향을 미친다. 요즘은 '생태학적' 또는 '재생 가능한'이라고 표현하는 지속 가능한 푸드 시스템은 토양에서 뽑아낸 양분을 식물성 비료를 통해 되돌려 주고, 동물과 식물을 이용해 제품을 만들 때 토양과 물, 온실가스에 미치는 악영향을 최소화하는 것을 말합니다.

현재 푸드 시스템은 불평등을 낳고 지속한다. 이상적인 푸드 시스템이라면 건강하고, 지속 가능하며, 감당할 수 있는 가격의, 문화적으로도 적절한 음식을 수입과 계층, 인종과 성별, 연령에 상관없이 누구나 쉽게 살 수 있어야 합니다. 그리고 농장과 정육 공장, 식품 제조 시설, 식당 등에서 일하는 근로자들에게 정당한 대가가 돌아가야죠. 올바른 푸드 시스템을 위한 운동은 이러한 이상을 실현하는 데 있습니다.

케리와 나는 코로나19가 우리 생명과 생계, 경제를 완전히 파괴하기 전에 이 책을 썼습니다. 이 세계적인 팬데믹은 이윤 추구를 목표로 하는 경제와 의료 서비스, 푸드 시스템이 가진 모순과 불공정의 측면에서 우리 책이 다루는 주제를 그대로 보여줬습니다. 코로나19는 빈민층과 소수 인종, 노인, 비만과 관계된 만성 질환을 앓는 사람들에게 가장 치명적이었죠. 갑작스럽게 도살장과 식료품점에서 일하는 저임금의 노동자들의 수가 줄어들고 필수 인력이 되었는데, 그들의 상당수가 이민자이거나 이주 노동자들로서, 병가를 내거나 의료 보험의 혜택을 받을 수 없는 사람들이 대부분이었기 때문입니다.

최근 일자리를 잃은 사람들이 푸드뱅크에 줄을 서 있는 동안 농부들은 팔리지 않는 동물을 폐기하며 생산 활동을 계속했습니다. 기업들은 근로자들은 해고하면서 임원들에게는 정부의 긴급 보조금으로 연봉과 보너스를 지급했습니다. 이러한 사건들은 강한 민주 정부와 제도를 옹호하도록 만들었으며, 그중 하나가 수입, 계층, 시민권, 인종, 민족, 성별, 나이에 상관없이 모든 사회 구성원에게 혜택이 돌아가는 푸드 시스템입니다.

참고 문헌과 더 읽을거리에 대하여

제 글은 논란이 많은 주제를 다루고 있습니다. 모두가 제 시각에 동의하지는 않겠죠. 그래서 대개 모든 진술마다 각주를 달아 확실히 뒷받침하는 편입니다. 하지만 이 책에서는 장별로 나누어 참고 서적과 보고서 및 기사들의 목록을 책 뒤쪽에 함께 넣었습니다. 이 책에서 다룬 문제들을 더 깊이 살펴보고 싶은 분들께 도움이 되리라 생각합니다.

저는 이 책을 통해 우리가 푸드 시스템의 어디쯤에 속해 있는지 바라볼 수 있기를 바랍니다. 그리고 나아가 독자들이 음식과 정치를 진지하게 생각하고 현재와 미래 세대를 위해 더 건강하고 지속 가능하며 공정한 푸드 시스템을 지지하는 데 참여하는 계기가 되기를 바랍니다.

1

식탁 위의 고민들

건강한 식습관은
개인의 몫일까

음식을 먹어라.
너무 많이 먹지 말아라.
채소 위주로 먹어라.

강아지 사료처럼 심심한 맛이 나는 통곡물 크래커를 '건강식품'이라고 부르면서 판매하며, 사람들을 경악하게 만들던 시절이 있었습니다. 정체를 알 수 없는 희한한 이름에, 맛은 더 희한한 식품을 팔던 가게들이 사람들에게 좋은 평판을 얻으며 늘어나던 것 말이에요.

이제는 훨씬 더 많은 대중이 건강한 식습관에 관심을 갖고, 마케팅 전문가들도 '아몬드 우유'부터 '호박으로 만든 면'에 이르기까지 온갖 식품에 건강 후광 효과를 입히느라 정신이 없습니다. 지금은 평범한 마트에서도 신선식품 코너가 늘어나거나, 간편식을 판매하는 식당에서도 더 건강한 대체 식품을 내놓는 현상이 많이 보이고 있어요.

하지만 사람들이 더 건강한 식습관에 관심을 가지다 보니 오히려 상업적 마케팅의 희생자가 되기도 합니다. 그저 더 건강한 음식을 먹기 위해 고민했을 뿐인데요. 마케팅 전략의 희생자가 되지 않으면서 건강한 식습관을 지키려면 어떻게 해야 할까요?

～～～～ 　　　　마케팅에 휘둘리지 않고 건강한 음식을 판별하기란 우리가 생각하는 것만큼 쉽지는 않습니다. 오늘날 사람들이 음식 자체에 큰 관심을 가지면서 얻은 성과 중 하나는 웬만한 슈퍼마켓에서 신선한 과일들과 채소들을 구하기 쉬워졌다는 점이죠. 그렇다면 구매 능력이 있는 사람들은 건강하고 맛있게 먹기가 쉬워야 하지만 현실은 분명 그렇지 못합니다. 사람들은 오히려 주어진 넓은 선택지 앞에서 혼란스러워합니다. 그래서 저는 2006년『무엇을 먹을 것인가what to eat』라는 책을 쓰고 500쪽에 걸쳐 슈퍼마켓의 각 코너에서 합리적인 선택을 하는 방법을 이야기했었습니다. 2019년에는 한 국제위원회에서 지구 건강을 위한 식단*의 원칙을 50쪽 분량으로 제안하기도 했죠.

　　그런데 정말 아이러니한 사실은, 식습관의 기본 원칙은 진짜 간단해서 마이클 폴란Michael Pollan은 단 세 문장으로 이렇게 정리하기도 했습니다. **"음식을 먹어라. 너무 많이 먹지 말아라. 채소 위주로 먹어라."**

＊ 　환경을 파괴하지 않으면서 지구상의 모든 인류가 충분히 먹을 수 있도록 구성한 식단을 말함.

이 말 속에 중요한 게 다 있습니다. 하지만 현실에서 이 충고를 따르는 것 자체가 어처구니없을 정도로 복잡합니다. 무엇을 먹을지 결정할 때는 다른 사항들도 고려해야 하니까요. 필수 영양 성분을 섭취하려면 고기도 먹어야 하고, 건강과 장수를 생각하면서 비만과 그로 인한 제2형 당뇨, 심장질환 등과 같은 문제들도 따져야 돼요. 게다가 오늘날처럼 온난화 문제가 심각한 시대에는 환경에 미치는 영향도 생각해야죠. 가격도 감당할 만해야 하고, 구하기도 쉬워야 할 뿐만 아니라 전통과 문화적 선호도 무시할 수 없어요. 물론 맛도 좋아야겠죠. 이 모든 것을 지키기는 힘듭니다.

거기에 밤낮을 가리지 않고 대량 구매를 유도하며 수익성이 높은 식품을 더 많이 먹도록 장려하는 환경에서도 현명한 선택을 내려야 한다는 부담까지 있습니다. 이러한 오늘날 식품 환경을 다루는 일은 건강에 민감한 사람들에게 상당한 도전 과제입니다.

사실 더 많이 먹게 만드는 우리 사회의 압박에 저항하는 일은 일종의 진화적 도전이라고 할 수 있습니다. 인간은 살기 위해 먹어야 했고, 잡식동물로 진화했습니다. 수렵과 채집을 하던 구석기 시대 조상들은 독성이 있는 식물과 썩은 고기를 먹으면 안 된다는 사실을 어렵게 배워가며 구할 수 있는 건 뭐든 먹었지요. 그런 조상들이 충분히 생식이 가능한 연령이 될 때까지 안전하게 필요한 양의 음식을 구하는 법을 알아냈기 때문에 오늘날 우리가 있는 겁니다.

조상들은 작물을 재배하고 가축을 길들이는 법을 배우며 농업을 발명했지만, 여전히 충분히 먹을 만큼의 식량을 얻는 데는 어려움이 있었습니다. 그럼에도 불구하고 구할 수 있는 식량을 가지고 끼니를 짓고 다양하고 맛있는 요리로 만들었습니다. 예를 들어 일본과 지중해에 사는 많은 사람들이 먹는 전통적인 식단은 건강과 장수에 도움이 됩니다. 하지만 사람들이 그런 음식의 맛과 가치를 이해하게 되면서 가격이 지나치게 비싸지는 바람에, 건강한 식단이 탄생한 사회에 사는 많은 사람들이 오히려 건강한 식단을 유지하기 어려워졌다는 사실은 또 다른 아이러니죠.

전통적인 식단은 기본적으로 마이클 폴란이 언급

한 세 가지 조건을 충족합니다. 먼저 "음식을 먹어라"에 대해서 이야기해보겠습니다. 수렵은 동물을 쫓는 걸 의미하고, 채집은 식용 식물을 모으는 걸 의미합니다. 우리는 폴란이 '음식처럼 생긴 물체food-like objects'라고 말하는 것을 먹도록 진화하지 않았습니다. 그런 포장된 제품에는 수많은 재료가 들어가고 오랜 기간 보관할 수 있도록 만들어집니다. 저는 그런 음식을 '정크푸드'라고 부르는데, 브라질의 공중보건학 교수인 카를루스 몬테이루Carlos Monteiro는 점잖게 '울트라 가공식품ultraprocessed'이라고 정의했습니다.

물론 나무나 덩굴에서 바로 딴 게 아니라면 우리가 구매하는 모든 음식은 약간의 가공을 거치게 됩니다. 세척이나 절단의 과정이라도 말이죠. 하지만 '울트라 가공식품'이란, 설탕, 지방, 소금이 잔뜩 첨가되고 일반적으로 가정에서는 잘 쓰지 않는 인공 향과 색소, 텍스처화제texturizer*등으로 구성되고 산업적으로 가공된 식품을 지칭합니다. 옥수수를 먹는 방식을 예로 들어

---

* 식품의 균일한 질감이나 일관성을 유지하기 위해 사용된다.

볼게요. 자연 상태의 옥수수가 비가공이라면, 옥수수 통조림은 가공, 도리토스 나초의 치즈 맛은 울트라 가공식품입니다.

몬테이루 교수가 울트라 가공식품과 덜 극단적인 형태로 가공한 식품을 구별한 일은 매우 의미 있습니다. 덕분에 울트라 가공식품을 먹는 것과 덜 가공된 식품을 먹는 것의 효과를 비교하기 시작했거든요. 이제 그런 연구들이 쏟아지고 있지요. 연구들은 울트라 가공식품 위주의 식단이 비만, 제2형 당뇨, 심장질환의 위험 및 전반적인 사망률의 증가와 확실히 관련이 있다는 사실을 보여줍니다.

우리는 그 맛과 바삭한 식감에 반해 고도로 가공된 식품을 먹습니다. 어찌 보면 당연합니다. 아이들도 마찬가지고요. 식품 회사는 어떻게 하면 우리의 입맛을 사로잡아 그들의 제품을 사게 만들지 연구하는 데 막대한 돈을 쏟아 붓고 있으니까요. 정크 푸드 재료의 가격을 낮게 유지하는 정부 정책은 울트라 가공식품들을 상대적으로 저렴하게 만들었습니다. 두 가지만 예로 들어보겠습니다. 울트라 가공식품에 많이 사용되는 핵심 재료들인 옥수수와 대두에 대한 보조금은 농부들이 이런 작물들을 과잉 생산하도록 만듭니다. 결국 수요보다 공급이 증가하게 되는 결과를 초래하지요. 그리고 세법은 식품 회사의 영업 지출에서 광고 비용을 공제하게 해줍니다. 이는 사실상 납세자들이 아이들에게 울트라 가공식품을 판매하는 비용을 보조한다는 것을 의미합니다.

한 가지 더 주목할 점은 과거와 비교했을 때 전반적인 식품의 가격이 상승하긴 했지만, 그중에서도 과일과 채소의 가격 상승 폭은 평균을 훨씬 뛰어넘었다는 사실입니다. 반면에 울트라 가공식품의 가격은 매우 느리게 상승함으로써 상대적으로 저렴해졌어요. 이것이 식습관이 계층에 따라 달라지는 이유 중 하나입니다. 부유하고 교육을 많이 받은 사람일수록 더 건강하게 먹고 울트라 가공식품을 피할 가능성이 높습니다. 딱히 여력이 없는 사람들은 나름대로 최선을 다한다고 하더라도 건강보다는 가격과 편의성에 기초해서 선택을 내릴 수밖에 없겠죠. 저소득층과 소수계층을 대상으로 하는 푸드 마케팅에 수십억 달러를 들여도 소용이 없어요. "울트라 가공식품을 피하세요"라고 말하기는 쉬워도 모두가 그런 조언을 따를 수 있는 수단과 능력, 시간이 있는 것은 아니니까요.

"채소 위주로 먹어라"는 것도 마찬가지로 말이 쉽죠. 경제적으로 여유가 없으면 애써 과일과 채소를 먹기가 쉽지 않습니다. 채소는 많이 먹어도 든든하게 느껴지지 않는 데다, 쉽게 상하기까지 합니다. 손질하는 시간도 오래 걸립니다. 비싸 보이고, 실제로 비싸죠. 울트라 가공식품은 엄청난 광고 비용이 뒷받침됩니다. 과일과 채소는 그렇지 않지만요.

저는 "너무 많이 먹지 말아라"라는 부분을 지키려면 더 건강한 식품 환경을 만드는 책임을 지는 것은 개인보다는 정책의 문제라고 생각합니다. 포크로 지지하기 운동처럼 우리 각자 음식을 선택할 때 책임감을 느끼고 정치적 선택을 할 수 있겠지만, 높은 이윤을 남기는 울트라 가공식품을 더 많이 먹도록 압력을 행사하는 식품 산업에 대항하는 일은 개인에게 벅차다고 생각해요. 그렇기 때문에 우리는 도움이 필요합니다. 건강에 더 중점을 두는 식품 환경이라면 권장되는 식단을 따르기가 훨씬 더 쉬울 거예요.

그걸 가능하게 만드는 여러 가지 방법들을 생각할 수 있습니다. 기초식품*의 가격을 낮추는 것부터 시작해서 울트라 가공식품에 대한 보조금을 폐지하고, 무엇보다 어린이를 대상으로 한 식품 산업의 마케팅 관행의 일부를 제한하는 것 등이 있죠. 이를 위해서 우리는 무엇보다 투표를 통해 정치적으로 의사를 표현하고 지지할 필요가 있습니다.

---

* 필수 영양소인 단백질, 탄수화물, 지방질, 비타민, 무기질 등을 가지고 있는 식품.

2

커피, 와인, 달걀은
몸에 좋은 음식일까

저는 여기에 한 가지 더 덧붙이고 싶습니다.
맛있게 먹을 것.

～～～   왜 그렇게 많은 사람들이 영양학에 회의적이거나, 심지어 적대적이기까지 할까요? 날씬한 유명인들이 더 날씬해지겠다며 만들어낸 온갖 미심쩍은 조언들은 열심히 따라 하면서 말이죠.

저는 이런 분열적인 태도의 일정 부분은 이익을 추구하는 식품 산업이 자금을 댄 선전에 가까운 연구 때문이라고 생각합니다. 하지만 어떤 경우는 권위 있는 과학자들의 적법한 연구조차도 헷갈리고 모순적인 결과를 보여줄 때가 있습니다. 그러니 사람들이 헷갈릴 만도 합니다.

특히 커피, 와인, 달걀과 같은 우리가 매일 먹는 음식의 이점을 두고도 논쟁이 끊이질 않잖아요. 이 음식들이 우리 몸에 좋을까요, 나쁠까요? 사람들은 다들 확실하고 단순한 지식을 원하지만, 과학이 말해주는 답은 시대마다 계속 변하는 것처럼 보이고, 결국 포기하고 다 무시하게 됩니다. 이런 복잡한 상황을 어떻게 설명할 수 있을까요?

~~~~~　　　　　음식과 우리는 매우 친밀한 관계입니다. 음식은 우리 몸속까지 들어오니까요. 그런데 그러고 나서 어떤 일이 벌어지나요? 우리가 배설한 것을 제외하면 몸 안에서 음식이 어떻게 소화되고 쓰이는지 볼 수 없습니다. 단지 추측할 뿐입니다. 그렇기 때문에, 제가 심리학자는 아니지만 제가 볼 때 이 문제는 신뢰의 문제로 귀결된다고 생각되네요.

　우리 모두가 먹습니다. 그러니 저마다의 경험과 지식을 주장할 수 있습니다. 그렇다면 누구의 경험과 지식을 믿어야 할까요? "당연히 내 거"라는 게 제가 흔히 농담반 진담반으로 하는 대답이에요. 저는 왜 사람들이 과학자나 영양학자보다 유명인을 믿는지 이해할 수 있습니다. 그들은 마치 친구처럼 느껴지죠. 물론 진짜는 아니지만요. 영양학자들이 대학원에서 수년에 걸쳐 개인적인 경험의 한계를 넘어 연구하고, 이해하기 힘든 자격 증명서를 가지고 있다는 사실은 도움이 되지 않습니다. 저는 스스로 영양학자라고 부르고, 분자생물학 박사학위와 뉴욕주에서 주는 영양학 및 식이요법학 자격증을 가지고 있어요. 자격증 번호는 000007번이고요. 그 자격증을 제정한 위원회 회원이기도 합니다.

영양학이 특히 어려운 분야라는 사실도 소용이 없어요. 사람들은 달걀을 통해 콜레스테롤을 가장 많이 섭취하는데, 달걀이 심장병의 위험을 높이는지 증명하기 위해서는 따져야 할 것들이 정말 많습니다. 확실한 결과를 얻으려면, 달걀 섭취의 여부를 제외하고는 엄청나게 많은 사람의 나이, 성별, 그리고 두 가지 정해진 식단 중 하나에 대한 위험도를 동일하게 맞춰야 하죠. 연구 참가자가 확실히 식단을 유지하도록 하려면 비용도 많이 듭니다. 오랜 기간 곁에서 엄격히 감독하면서 증상을 관찰해야 하니까요. 인간은 실험실의 쥐가 아닌데, 실험동물을 만드는 듯한 끔찍한 상황도 연출되겠죠. 영양학자들이 혈중 콜레스테롤 수치와 같은 간접적인 측정에 의존하는 이유가 바로 그래서인데, 그런 것들은 질병과의 일관되고 명확한 관계를 보여주지는 못합니다.

저는 오랫동안 영양학에서 가장 풀기 어려운 문제

가 사람들이 무엇을 먹는지 알아내는 것이라고 말해왔습니다. 우리는 매일 다른 것을 먹고 당신이 먹는 것과 제가 먹는 것이 다르죠. 과학자들은 어제 먹은 걸 전부 적거나(24시간 회상) 하루에 먹는 것을 꾸준히 기록(24시간 식단 기록) 하라고 하기도 하고, 우리가 지난주, 지난달, 혹은 지난해에 특정한 음식을 얼마나 자주 먹는지(식품 섭취빈도 설문조사) 묻습니다. 이런 연구 방법들의 정확도는 우리가 무엇을 먹었는지가 아니라 얼마나 잘 기억하는지에 달려 있죠. 솔직히 말해 그것들은 정확하지 않습니다. 더 좋은 방법들은 지나치게 많은 비용이 들고, 다수에게 적용하기 어렵기 때문에 연구자들은 현재 가능한 정보로 할 수 있는 최선을 다할 뿐입니다.

음식 섭취와 질병의 위험성을 연결 짓는 일도 마찬가지로 어렵습니다. 달걀을 먹는 사람의 혈중 콜레스테롤 수치가 상대적으로 더 높은지를 알고 싶다고 가정해 볼게요. 음식에 들어 있는 콜레스테롤이 혈중 콜레스테롤의 수치를 높이기는 하지만, 혈중 콜레스테롤을 훨씬 더 많이 높이는 건 포화지방이죠. 그러니까

혈중 콜레스테롤이 높다고 해도 그게 달걀 때문인지 아니면 신체 활동의 수준 때문인지, 혹은 당신이 먹는 다른 음식이나 타고난 체질 때문인지는 확인이 어려워요.

그래서 대부분 연구가 할 수 있는 최선은 당신이 먹는 것과 질병을 유발할 위험성 사이의 관계를 보여주는 거죠. 하지만 이것으로 당신이 먹는 것이 어떤 하나의 질병을 유발했다는 인과관계를 증명할 수는 없습니다. 달걀과 건강의 관계를 살펴보는 실험은 어떻게 설계됐는지에 따라서 결과가 달라질 수 있을 뿐만 아니라, 당장의 해결책도 제시하지 않지요.

이 와중에 달걀 산업이 연구에 자금을 대고 있다는 사실도 문제를 더 복잡하게 만듭니다. 과학자들이 처음 콜레스테롤을 심장병의 위험인자로 확인했을 때, 그들은 하루에 섭취하는 달걀의 양을 한 개 이하로 제한하는 권고를 했습니다. 다급해진 달걀 산업은 그런 권고에 의구심을 갖게 하는 연구를 의뢰했죠. 산업 쪽에서 자금을 대는 대부분의 연구들과 마찬가지로 달걀 산업에서 의뢰한 연구 결과 역시 자금을 댄 쪽의 이익에 부합하는 '자금 효과'를 보여주었습니다. 달걀을 주제로 한 연구 결과들은 현재 너무 혼란스러워서, 2015년 '미국인을 위한 식단 권고Dietary Guidelines for Americans'에는 콜레스테롤 섭취를 제한하는 것은 불필요하지만, 가능하면 콜레스테롤을 적게(적은 달걀을) 먹으라고 조언했습니다. 저는 대체 이게 무슨 소린지 모르겠어요.

산업 측에서 자금을 된 연구가 모조리 편향됐다는 말이 아닙니다. 상당수가 그렇게 보인다는 거죠. 영양학 연구는 너무 복잡하고 모두가 전문가 같아서 여러 방면에서 편향이 발생할 수 있습니다. 제가 분자생물학을 공부했다는 사실이 이 문제를 다룰 때 도움이 됐습니다. 대학원생으로서 저는, 제 자신의 결과를 의심하고 편향을 극복하기 위해 어떤 경우에도 최선을 다해야 한다고 배웠습니다. 하지만 과학자도 사람입니다. 각자 증명하고 싶어 하는 가설이 있어요. 어떤 사람은 가설에 너무 집착한 나머지 원치 않는 결과는 축소하고 '입맛에 맞는' 정보를 고르기도 합니다. 하지만 엄격하게 훈련된 과학자들은 의식적이고 무의식적인 편향을 통제하기 위해 노력하죠.

다행히 저란 사람은 흑백으로 정확히 나뉘기보다는 불가피하게 해석이 필요한 영양학 연구와 그 결과가 가진 회색의 복합성을 매우 사랑합니다. 다른 사람은 편향됐지만, 자신은 아니라고 생각하는 것은 인간의 본성입니다. 유명인의 영양학적 의견을 신뢰하는 것도 인간의 본성이고요. 잠시 그 신뢰성을 의심하더라도 말이에요. 조금만 비판적으로 생각해보면 놀라거나 화가 날 일이에요. 복잡한 영양학에 대해 하나도 모르는 유명인이 식단 전문가로 여겨지고, 식품 회사가 자신들의 입맛에 맞는 연구 결과를 얻기 위해 자금을 대다니요. 자기 가설에 사로잡힌 과학자들은 자기가 추천하는 식단만이 건강하다고 주장하죠.

비판적으로 생각하는 영양학자라면 누구나 건강과 장수에 도움이 되는 무수하고 다양한 식단이 있다는 사실을 알고 있습니다. 식품 알레르기 때문이 아니라면, 단일한 식단이나 한 종류의 음식, 한 가지 제품, 혹은 보충제가 당신 건강의 해결사가 될 거라고 주장하는 사람이 있다면, 항상 의심해봐야 합니다. 특히 다음과 같은 식이요법을 대할 때는 반드시 비판적으로 생각하세요.

어떤 제품과 관련있는 식이요법: 이런 주장은 과학이 아니라 마케팅일 가능성이 높습니다. 식품 회사는 판매에 도움이 되기 때문에 연구에 자금을 댑니다. 이런 종류의 제품을 파는 사기꾼을 조심하세요.

식품군 전체를 배제하는 식이요법: 칼로리 섭취를 줄이는 데는 도움이 되지만 다양성과 우리가 음식을 먹는 즐거움을 제한하고 특정 영양소의 섭취를 줄일 수 있습니다. 가령 공공연하게 먹지 말 것을 권고받는 동물성 식품은 비타민12의 주요 공급원이죠.

절대적 확신을 가지고 조언하는 식이요법: 과학은 그런 것이 아닙니다. 우리가 먹고 마시고 행동하는 모든 것이 복잡하기 때문에 애초에 영양학은 불확실함을 포함하고 있습니다.

광범위한 예방 효과를 주장하는 식이요법: 저는 하나의 음식이나 제품이 제2형 당뇨와 심장질환뿐만 아니라, 알려진 치료 방법이 없는 자폐증이나 알츠하이머, 혹은 다른 인지 문제를 예방해준다는 주장을 볼 때마다 의심합니다.

획기적이라고 광고하는 식이요법: 이것 역시 과학적이지 않습니다. 영양학은 기존의 연구를 바탕으로 발전하고 진보합니다.

당신이 영양학에 관해 알고 있던 모든 사실이 잘못됐다고 주장하는 식이요법: 과학이 이런 식으로 이루어지는 경우는 거의 없습니다. 그러니 자세히 살펴보는 게 최선입니다. 일례로 건강 전문가들이 달걀을 줄이라고 조언할 때, 하루에 하나는 괜찮다고 했는데요. 여전히 같은 조언을 하고 있습니다.

이런 원칙은 커피와 와인을 포함해 다른 음식에도 똑같이 적용됩니다. 언제나 그렇듯이, 영양학의 기본 원칙은 다음과 같이 쉽게 요약됩니다.

골고루 먹어라. 식물성 식품과 동물성 식품은 영양학적으로 다르기 때문에 다양하게 먹어야 필수 영양소를 제대로 충족할 수 있습니다.

상대적으로 덜 가공된 식품을 먹어라. 가공된 식품들도 영양소를 포함하고 있지만, 설탕, 지방, 칼로리가 과도합니다.

적당히 먹어라. '적당히'라는 표현이 답답하게 느껴질 수 있을 거예요. 적당하다는 게 정확히 무슨 뜻일까요? 여기서는 필요한 칼로리와 섭취하는 칼로리 사이에 균형을 맞추라는 말입니다.

저는 여기에 한 가지 더 덧붙이고 싶습니다. **맛있게 먹을 것.**

그렇다면 지금 우리 사회가 돌아가는 모습은 이런

원칙에 어떤 영향을 줄까요? "더 많이 먹어라"라고 압박하는 오늘날의 식품 환경, 그리고 우리 모두 이렇게 먹을 경우 식품 산업에 어떤 일이 벌어질지를 생각해 보세요.

3

프렌치프라이를
어떻게 딱 하나만 먹나요

여태까지 제가 먹어본 탄수화물 중에
마음에 들지 않은 게 있었나 싶네요.

〜〜〜〜   누가 묻지도 않았는데 다른 사람
이 선택한 식단에 감 놔라 배 놔라 하면 당연히 안 되겠
죠. 하지만 탄수화물을 꺼리는 제 친구들이 그레인 프
리grain-free나 글루텐 프리gluten-free, 고지방high-fat 식단
또는 팔레오Paleo* 식단, 저탄고지의 키토Keto 식단**등
을 하는 걸 보면 도무지 이해가 잘 안 갑니다. 이런 식
단들이 복부 지방을 없애주고, 정신을 맑게 해주며, 당
신이 아는 온갖 질병을 예방한다고 믿는다는 것이요.

저도 어느 정도 공감은 합니다. 질병통제예방센터
CDC에 따르면, 저도 1억 명의 다른 미국인들처럼 혈당
수치가 위험할 정도로 높아요. 우리 몸이 앗, 하는 사
이에 베이글을 당으로 바꾼다는 사실을 알고는 정말
우울했답니다.

설탕이 든 음료나 흰 빵, 피자, 파스타를 과잉 섭취

---

*   구석기 시대 사람들이 먹었던 식단을 참고해 고안한 자연식 위주의
      식단으로, 체중 감량 효과가 알려지면서 인기를 얻고 있다.

**   지방을 주로 에너지원으로 쓰는 신체 상태인 키토시스를 만들기 위해
      탄수화물의 양을 극단적으로 제한하고 높은 지방을 위주로 구성한 식
      단을 말한다.

하게 되는 일은 분명 지금 우리 문화에서 흔한 일입니다. 그러니까 탄수화물 공포증에 불을 지필만한 일말의 진실은 있는 거죠. 그럼에도 불구하고 탄수화물은 다 똑같다고 하거나, 극단적인 고지방 식단을 찬양하는 건 합리적이지 않다는 생각이 듭니다. 저탄수화물에 열광하는 사람들의 말이 맞을 수도 있을까요?

~~~~~   매번 유행처럼 폭풍적인 인기를 끄는 식단들이 있습니다. 만일 당신이 제게 "그거 드세요?"라고 먼저 물어보지 않는다면, 당신이 먹고 있는 음식에 관해 훈수 두지 않겠다고 약속하겠습니다. 네, 일단 저는 탄수화물을 먹습니다. 저는 잡식이거든요. 제 식단에는 분명 탄수화물이 포함됩니다. 단순 탄수화물(당류)과 복합 탄수화물(녹말이 함유된 음식), 자연식(비가공)과 정제(가공)식품 등을 먹지요. 여태까지 제가 먹어본 탄수화물 중에 마음에 들지 않은 게 있었나 싶네요.

이런 말을 하면서 살짝 걱정스럽긴 한 게, 제가 모

든 탄수화물류를 좋아한다는 말을 공개적으로 할 때마다 저탄·고지 식단을 열성적으로 지지하는 사람들이 득달같이 달려들거든요. 그런 사람들은 탄수화물이 당으로 전환되고 당은 인슐린 분비를 유도하기 때문에 탄수화물은 독이나 마찬가지라고 생각합니다. 그래서 탄수화물을 줄이는 방법이 당신의 건강을 지키는 최선의 방편이라는 의견에 동의하지 않는다는 사실에 경악합니다.

탄수화물은 독이 아닙니다. 에너지를 공급하고 뇌를 돌아가게 만들려면 우리한테 꼭 필요합니다. 제 생각에 탄수화물이냐 지방이냐를 두고 뜨겁게 논쟁하는 이유는 탄수화물이나 지방의 화학적 원리나 대사 작용이 복잡해서인 것 같습니다. 영양이 풍부한 과일, 유제품, 그리고 가끔은 야채에도 자연적으로 소량의 당이 있어요. 당은 꿀이나 메이플 시럽에 더 많이 들었는데, 누구도 그런 식품을 한꺼번에 많이 먹진 않습니다.

그래서 저 같은 영양학자들은 주로 사탕수수와 사탕무, 옥수수 등에서 추출한 당에 주목합니다. 이런 당이 들어간 식품에는 '가당'이라고 써진 상품표시가 붙어 있습니다. 이런 것들은 영양가가 없어서 '빈 칼로리 empty calorie'*식품이 됩니다. 대부분의 사람들이 이런 식품을 지나치게 많이 먹고 있는데, 먹는 양을 줄이면 더 건강해질 거예요. 현재는 하루 섭취 칼로리의 10%까지 당을 제한하도록 권하고 있습니다. 일반적으로 50그램 혹은 12티스푼 정도라고 생각하면 됩니다. 이건 완전히 삼가는 게 아니죠.

복합 탄수화물의 주요 공급원은 밀, 쌀, 옥수수처럼 녹말이 들어간 곡물입니다. 자, 기억하세요. 이런 것들은 문명사회 전체의 동력입니다. 현대에도 장수하는 사람들은 사실상 매일 빵과 파스타를 먹는 지중해 국가들과 쌀을 주식으로 하는 아시아에 살고 있지요.

지방도 독이 아니긴 마찬가지입니다. 자꾸 강의 같아져서 죄송한데, 많이 들어보셨겠지만 오메가 3과 오메가 6을 섭취하려면 우리에게는 지방이 필요합니다. 탄수화물이나 단백질이 1그램 당 4칼로리인 것에 반해 지방은 9칼로리로 가장 높죠. 그래서 지방은 살이

---

* 열량은 높지만, 필수 영양소를 거의 함유하지 않는 것을 말한다. 일반적으로 즉석식품이나 주류 등이 빈 칼로리 식품에 속한다.

찌기 쉬워요. 포화 지방산은 혈중 콜레스테롤 수준을 높입니다. 동물의 지방은 식물성 지방보다 포화지방 산이 더 많이 함유되어 있는데, 이게 또 채소가 더 건 강한 이유가 됩니다.

그렇지만 식단의 전체적인 맥락을 고려하지 않고 지방이나 탄수화물을 생각하기는 어렵습니다. 설탕, 버터, 식물성 기름만 먹는 경우는 드물거든요. 진짜 문 제는 함께 먹는 음식이 어떤 것들이고 얼마나 가공됐 으며, 칼로리가 얼마나 되는지 하는 것입니다. 상대적 으로 덜 가공된 식품은 탄수화물, 지방과 더불어 비타 민과 미네랄을 함유하고 있습니다. 곡물이나 채소 등 에는 섬유소가 있어서 마이크로바이옴microbiome**인 장 속 박테리아의 먹이가 됩니다. 마이크로바이옴은 얼마전부터 측정이 가능하게 되어 각광받고 있죠.

물론 그렇지 않은 경우들이 있습니다. 사탕과 청량 음료는 영양학적 가치가 없이 칼로리만 제공하는데 요, 특히 미국인은 섭취하는 당의 거의 절반에 해당하

***

**　　인체 내 미생물을 총칭하여 말하는 것.

는 양이 탄산음료를 통해서입니다. 그다음은 미국 농무부가 "곡물을 기본으로 한 디저트류"라고 매력적으로 표현하는 도넛, 파이, 케이크, 쿠키와 같은 것들이죠. 이런 것들은 복합 탄수화물 함량도 높아요. 빵이나, 피자, 파스타처럼요. 하지만 이런 음식들은 주로 버터, 오일, 치즈처럼 탄수화물 흡수 속도를 늦추는 것들과 곁들여 먹습니다.

과일 주스도 예외입니다. 많이는 아니지만 가공된 음식입니다. 오렌지나 사과 하나면 보통 적당합니다. 한 번에 네 개를 먹는 사람은 거의 없죠. 하지만 한 잔의 주스는 많은 양의 과일에서 추출되고 탄산음료만큼이나 많은 당이 들어있습니다. 제가 어릴 때는 대부분 주스 잔이 120ml 정도였는데요, 여전히 그 정도가 딱 좋은 것 같아요.

저탄수화물 식사를 하는 사람들은 그런 음식을 피하면 기분도 더 좋고 더 건강한 몸무게를 유지한다고 말합니다. 맞아요. 기름진 음식으로 칼로리를 과잉보상하는 것만 피하면, 더 적은 칼로리를 섭취해서 몸무게가 줄고 질병 위험도 낮아지죠. 이런 결과들에 토를 달기는 힘들고 그럴 생각도 없습니다.

제2형 당뇨의 경우, 과체중이 가장 중요한 위험 요소입니다. 이건 꼭 탄수화물의 문제라기보다 칼로리의 문제에요. 저지방 식단은 체중 감량에 효과가 있지만 유지하기가 어렵습니다. 기름진 음식들은 맛있고 포만감을 주니까요. 어떤 사람들은 고지방 식사를 하면서 칼로리를 더 잘 관리하던데, 저는 안 되더군요. 탄수화물과 지방이 모두 들어간 음식은 참기가 더 힘들더라고요. 프렌치프라이를 어떻게 딱 하나만 먹나요. 아이스크림은 말할 것도 없죠.

우리는 모유에 든 당을 좋아하도록 태어났고 얼마 지나지 않아 녹말과 지방도 좋아하게 됩니다. 전 세계 어딜 가나 맛있는 빵이 있는데요, 글루텐 단백질을 소화할 수 있는 사람들도 빵을 피하는 이유를 모르겠어요. 먹을 때 과식하지 않는 게 어렵긴 합니다. 이를 위해선 울트라 가공식품을 피하는 것이 도움이 될 거예요.

그런데 왜 저탄수화물 식단을 옹호하는 사람들은 과학이 편향됐다고 생각할까요? 알코올을 빼면 우리는 단백질, 탄수화물, 지방 이 세 가지를 통해 칼로리를 섭취합니다. 어떤 식단에도 단백질은 큰 차이가 없어요. 그래서 나머지 두 가지를 따지게 되죠. 탄수화물의 비율이 낮으면 지방의 비율은 올라갑니다. 1950년대 연구들은 포화 지방을 더 높은 혈중 콜레스테롤 수치와 심장병으로 연결시켰습니다. 동물성 식품은 식물성 식품보다 포화 지방을 많이 함유하고 있으니까요.

다시 정치를 언급하자면 고기를 적게 먹으라는 권고는 관련 분야의 거센 반발을 불러일으켰고 특히 미국에서 엄청났습니다. 미국의 모든 주에서 소를 기르는데, 주마다 두 명의 상원 의원이 있고 이들은 육류 산업 로비스트들의 로비 대상이에요. 오늘날 육류 산업은 고기 섭취를 늘리기 위해 저탄수화물 옹호자들과 연대합니다. 정치는 확실히 기묘한 동맹관계를 만드는 것 같습니다.

저탄수화물과 저지방 중에 뭐가 맞냐는 질문에 대해 답을 하자면 그건 중요한 문제가 아니라고 생각합니다. 문제는 어떤 음식에서 비롯된 탄수화물과 지방인지, 그리고 칼로리가 얼마나 되는지, 또 얼마나 가공됐는지 하는 것입니다. 울트라 가공식품은 당 함량이 높고, 정제된 탄수화물인 경우가 많으며, 지방도 많이 들어있어서 칼로리가 높을 수밖에요. 그런 것들은 과식하기 쉬워요. 많이 먹으면 먹을수록 칼로리 섭취가 늘어나니 비만의 위험과 건강에 미치는 악영향도 커집니다.

고탄수화물의 정크 푸드와 단 음료를 피하라는 게 모든 사람에게 해당하는 좋은 충고입니다. 붉은 육류와 튀긴 음식을 너무 많이 먹지 않는 것도요. 빵과 파스타를 피해서 칼로리 과잉을 막을 수 있다면 그렇게 하세요. 저는 잡식인지라 가능하면 제한이 별로 없는 식단이 더 좋습니다. 탄수화물이나 지방을 모조리 빼버리면 먹는 즐거움이 너무 줄어드니까요. 전 골고루 다 먹는 것에 찬성합니다. 물론, 적당히 먹는다면 말이죠.

4

세상엔 맛있는 것들이
너무 많아

우리는 선천적으로 당에,
그리고 어쩌면 지방에도 끌립니다.

〜〜〜〜　　　　우리는 왜 과식을 할까요? 스트레스를 받거나 우울할 때 특히 자주 그렇습니다. 모임들도 많고, 세상에는 맛있는 것들의 유혹이 너무 많아요. 심지어 마트의 시식 코너도 그냥 지나칠 수 없잖아요?

우리는 선천적으로 당에, 그리고 어쩌면 지방에도 끌립니다. 수렵 채집을 하던 조상들에게 최고의 에너지원이었으니까요. 과거에는 지금보다 믿고 먹을 수 있는 음식이 훨씬 부족했고, 거기에 적응해야 했어요. 그러니까 우리의 신진대사는 몇 세기 뒤처져 있다고 볼 수 있습니다. 우리는 짠맛에도 열광하는데요, 이건 후천적인 겁니다. 그 맛을 어떻게 알게 됐는지 참!

그런데 여기서 우리가 통제하기 힘든 부분이 하나 있습니다. 바로 의도적으로 식품이 우리 뇌에 있는 쾌락 수용체를 자극하도록 만드는 식품 회사입니다. 물론 음식을 먹으면 자연스럽게 기분이 좋아집니다. 하지만 고도로 가공된 식품은 도파민의 분비를 촉발하도록 설계되는데, 도파민은 코카인이나 메스암페타민*과 같은 마약을 매우 중독성 있게 만드는 신경전달물질이에요. 단순히 음식을 맛있게 만드는 차원을 넘어서는 문제죠.

～～～　　　　　　 식품 회사들이 소비자가 계속 자신
들이 만든 식품을 갈망하게끔 설계한다는 사실은 대단
한 비밀은 아닙니다. 그게 식품 회사가 하는 일이니까
요. 그들의 최우선 순위는 주주들에게 이익을 돌려주는
일이에요. 우리가 더 많은 식품을 살수록 그들이 받는
배당금이 올라갑니다. 우리가 딱 하나만 먹는 것으로
끝나지 않는다면, 식품 회사는 일을 잘하는 거예요. 부
수적으로 따라오는 비만으로 인한 건강 문제는 우리 문
제지, 그들이 해결해야 하는 문제가 아니니까요.

식품 회사는 그로 인한 비용을 외부로 넘깁니다. 바
로 우리가 그것들을 떠맡는 거죠. 현재 우리 경제와 푸
드 시스템이 치르는 비용에 음식에 대한 '중독'이 추가
된 건데, 온실가스 방출과 멕시코의 걸프만에서 생긴
유독한 녹조현상 못지않게 엄청난 비용입니다. 사업의

---

*　　매우 강력한 중추신경 흥분제로 흔히 필로폰으로 알려져 있다.

요구사항에 따라 이러한 시스템이 움직입니다. 이런 비용을 외부에 떠넘기는 것이 공정하거나 윤리적일까요? 답은 당신의 관점에 따라 완전히 달라집니다.

제가 중독이란 표현에 따옴표를 쓴 이유는 그 표현이 우리와 우리가 좋아하는 음식의 관계를 제대로 설명하는지 확신할 수 없어서입니다. 음식을 즐기는 것과 음식에 우리의 생존이나 정신 건강이 달려 있다고 느끼는 것은 서로 별개의 문제입니다. 저는 음식에 대해 의존 문제가 있다고 느끼는 사람들과 자주 이야기를 나눕니다. 그중 어떤 사람들은 그것 때문에 치료를 받고 있다고도 합니다. 초콜릿과 같이 특정한 음식에 탐닉하는 사람도 있고 가리지 않고 모든 음식에 탐닉하는 사람도 있더군요. 그들은 음식에 집착하고, 일단 먹기 시작하면 멈출 수 없으며, 그 집착이 삶을 망치고 있다는 두려움을 가지고 있죠.

신경과학자들은 비록 정도는 달라도 음식 역시 아편류, 담배, 알코올과 동일한 방식으로 쾌락 중추를 자극한다고 합니다. 행동과학자들도 음식에 대한 갈망이 정확하게 중독의 정의에 들어맞는지 알아내려고 노력하고 있고, 일부 식품 중독자들은 12단계 프로그램twelve-step programs*으로 효과를 봤다고 하더군요.

사실 따옴표는 음식에 대한 애정을 표현할 때 '중독'이라는 단어를 사용하는 것에 대한 제 불편함의 표현이기도 합니다. 우리는 먹지 않고 살 수 없습니다. 음식은 맛있고, 음식을 먹는 것은 하나의 기쁨이에요. 식품 회사가 뇌의 쾌락 중추를 자극하지 못하는 식품을 팔 수는 없는 노릇입니다. 그래서 마이클 모스Michael Moss가 그의 책 『배신의 식탁Salt, Sugar, Fat: how the food giants hooked us』을 통해 식품 회사가 소금, 설탕, 지방이라는 이 특정 성분들에 대한 우리의 즐거움을 이용한다고 매우 설득력 있게 주장한 겁니다.

우리가 주로 먹는 식단에서 소금, 설탕, 지방의 주요 공급원이 짠맛이 나는 과자, 탄산음료, 기름진 튀김 음식이라는 사실은 정말 유감입니다. 각각은 모두 극도로 가공된 정크 푸드로, 사람이 먹는 것을 스스로 자

---

* 다양한 중독에 대한 회복 프로그램으로 널리 사용되고 있다

제할 수 없도록 의도적으로 제조한 것들이니까요.

우리는 이게 얼마나 어려운 일인지 보여주는 증거를 가지고 있습니다. 울트라 가공식품을 먹으면 칼로리를 더 많이 섭취하는 경향이 있고, 당연히 체중도 늘어납니다. 미국 국립 보건원National Institutes of Health에서 이에 대한 임상 연구를 진행했습니다. 연구원들은 성인 지원자 25명을 통제된 공간에서 살게 하고 신진대사를 관찰했습니다. 그리고 참가자들에게 각각 칼로리, 지방, 탄수화물, 단백질, 섬유소가 동일한 비 가공식품과 가공식품 두 가지 식단 중 하나를 제공했습니다. 2주 동안 할당된 식단을 원하는 만큼 먹도록 했죠. 그다음에는 다른 식단을 그들이 원하는 양만큼 2주 동안 먹게 했습니다. 결과는 매우 뚜렷했는데, 이런 연구에서 흔치 않죠. 참가자들은 이 두 가지 식단 중에서 가공식품을 먹을 때 하루에 500칼로리를 더 섭취한 것으로 나왔습니다. 물론 몸무게도 일주일에 500그램 가까이 늘었고요.

어떻게 이런 결과가 나왔을까요? 참가자들은 칼로리를 더 많이 섭취하고 있는지 스스로 알아차리지 못했고, 과학자들도 짐작만 하고 있었습니다. 뇌의 쾌락 중추는 하나의 가능성이고, 빠른 속도로 더 많이 먹는 것은 다른 문제입니다. 하지만 이 실험으로 달콤하고, 짭짤하고, 기름진 음식을 더 먹게 만들고, 거기다 얼마나 더 먹고 있는지 알아차리지 못하게 하는 무언가가 있다는 사실은 알게 된 거죠. 비 가공식품인 샐러드와 과일로는 이런 반응이 생기지 않습니다. 우리가 샐러드나 과일을 비롯해 상대적으로 덜 가공된 음식을 먹을 때는 배가 부르고 절제가 됩니다. 하지만 햄버거나 튀김, 콜라를 먹을 때는 어떤가요? 어림도 없죠.

음식에 대한 선택이 누구의 책임인가 하는 논쟁은 끝이 없습니다. 그리고 개인적 책임인가, 식품 환경에 따른 결과인가 하는 문제도 마찬가지죠. 저는 둘 다 책임이 있다고 보지만, 식품 산업이 미치는 눈에 보이지 않는 영향력에 저는 매번 놀랍니다. 인터넷에서 '비만에 영향을 주는 것'을 검색하면 가족이나 또래 집단, 건강, 종교, 비용을 포함하는 수많은 그래프가 뜹니다. 식품 산업의 마케팅이요? 없어요. 솜씨 좋은 마케팅은 눈에 띄지 않는 법이니까요. 비욘세가 펩시콜라를 마실 때 노골적으로 광고하는 티가 나면 안 되잖아요. 그러니까 우리는 모르는 겁니다.

식품 회사들은 소비자가 자신들의 제품을 사도록 설득하기 위해 미국을 포함한 전 세계에서 수십억 달러를 지출하고 있지만, 언젠가 한 마케팅 책임자가 제게 말한 것처럼 광고는 비판적 사고를 교묘하게 빠져나가게끔 만들어집니다. 어쨌든 광고는 빙산의 일각일 뿐입니다. 식품 회사들은 식료품점에 수수료를 주고 더 좋은 매대를 선점하거나, 온라인 게임, 음악, 스포츠 산업, 지역 단체 기부 등을 통해 홍보할 뿐만 아니라 자신들의 제품을 계속해서 구매하도록 쾌락 중추를 자극하는 것들이 무엇인지 밝혀내는 연구에 투자하고 있습니다.

이 이야기를 들은 사람들은 비윤리적인 거 아니냐고 물을 겁니다. 하지만 냉정하게 말하자면, 지금의 경제 체계에서는 아니에요. 식품 회사가 공중 보건을 신경 쓰길 바라는 것은 그들의 목표를 오해하는 겁니다. 덜 먹는 게 아니라 더 먹어야 사업에 이익이기 때문이죠.

그렇다면 우리는 어떤 입장을 가져야 할까요? 정크 푸드에 중독된 것처럼 느껴진다면 가능한 모든 도움을 요청하세요. 저도 정크 푸드를 가끔 먹습니다(제발 영양학자가 정크 푸드를 먹는다고 뭐라고 하지 마시길). 이런 음식을 지나치게 많이 먹기란 얼마나 쉬운지 아니까 작은 사이즈를 삽니다. 일단 먹기 시작하면 멈출 수 없다는 걸 알기 때문에, 집에 두지 않으려고 노력합니다. 이런 수준의 개인적 노력을 유지하는 것도 결연한 의지가 필요하고 정말 힘들어요. 우리를 끊임없이 유혹하는 정크 푸드가 애초에 없다면 건강하게 먹기가 더 쉽겠죠. 현실적으로 그렇게 되어야 한다는 것이 아니라, 식품 환경 자체가 더 건강하다면 도움이 될 거라는 말입니다.

더 건강한 식품 환경을 위해서 우리에게는 이윤보다 건강을 우선시하도록 만드는 투자 체계가 필요합니다. 우리 문화가 그런 가치를 받아들이지 않는 한, 우리는 '더 많이 먹자'는 쪽으로 향할 수밖에 없죠. 한 가지 대안은 건강한 선택을 쉬운 선택으로 만드는 식품 환경을 지지하는 거예요. 그러면 우리가 먹는 음식과 더 건강한 관계를 맺는 데 도움이 될 겁니다.

5

가짜 고기가 인간과 지구를 위해
정말 더 나은 선택일까

저는 이런 제품들의 가격이 높게 유지되는 한,
선택은 결국 계층의 문제가 된다고 봅니다.

〜〜〜〜   사실 육즙이 풍부하고 두툼한 스테이크를 좋아하지만, 마음 깊은 곳에는 육식에 대한 죄책감이 있습니다. 고기를 너무 많이 먹으면 결국 인간과 환경에 안 좋을 뿐만 아니라, 우리의 식탐을 만족시키기 위해 도살당하는 동물에게도 당연히 못할 짓이니까요.

그래서인지 오늘날 실리콘밸리에는 '피가 뚝뚝' 떨어지는 모습까지 닮아서 '말도 안 되게' 고기와 똑같은 베지 버거veggie burger*를 만드는 스타트업 회사들이 많이 있습니다. 진지하게 채식주의자가 될 생각은 해본 적도 없었던 수백만의 사람들이 갑자기 대두와 완두콩 단백질로 만든 대체육에 관심을 보이고 있습니다.

이론적으로 모두에게 좋은 현상 같아요. 육류 소비가 줄어드니까요! 매일의 식단에 채소가 더 많이 들어갈 테고요. 하지만 이 가짜 패티가 만들어지는 방법과 이런 제조 과정에 관해 알면 알수록 점점 혼란스러워집니다. 정말로 대체육은 우리와 환경에 더 좋은 걸까요?

---

*   채소로 만든 패티를 사용한 채식주의자용 햄버거

엄청나게 많은 돈이 식물성 대체육에 쏟아지고 있습니다. 비욘드 버거Beyond Burger와 임파서블 버거Impossible Burger처럼 멋진 이름을 붙인 제품들을 예로 들 수 있습니다. 저는 이런 제품들이 21세기에 진행 중인 음식 자본주의 상징이라고 봅니다. 이런 제품들에 환호하는 사람들은 대체육이 산업화한 가축으로 인한 많은 문제를 해결할 수 있을 거라 말합니다. 그것들은 동물을 해치지도 않고 항생제를 사용하지도 않으며, 만성 질환을 유발하지 않고, 온실가스도 만들지 않으니까요. 게다가 식용 동물을 인도적이고 환경을 파괴하지 않는 지속가능한 방식으로 기르기 위해 시스템을 개선할 필요도 없습니다. 최신 식품 과학 기술 분야의 전문가들은 영양학적으로 거의 동일한 대체품을 만들 수 있습니다. 동물이 사용되지 않아서 사람들이 먹을 때 흐뭇한 기분을 느끼게 해줄 뿐만 아니라, 팔았을 때 이윤도 크게 남습니다.

산업화한 사회에 사는 우리들이 고기를 많이 먹고 있다는 사실에는 의심의 여지가 없습니다. 건강한 지구를 위한 건강 식단이 내세우는 주요 목표는 '고기 덜 먹기'입니다. 물론 가난한 나라의 사람들은 더 많은 고기를 먹을 필요가 있습니다. 동물성 식품은 다른 식품에 부족하거나 얻기 힘든 영양소의 좋은 공급원이 되니까요. 하지만 우리 대부분은 덜 먹는 게 좋습니다.

고기를 만드는 방식이 동물의 건강과 우리의 건강, 그리고 환경의 건강에 미치는 영향에 대해서 우리는 비판적일 수 있고, 비판적이어야 합니다. 동물을 기르는 방식과 관련 있는 윤리적 문제들에 대해서도 깨어 있어야 하고요. 우리 중 충분히 여력이 있는 사람들은 고기를 덜 먹을지, 채식 위주의 식단을 할지, 혹은 가장 엄격한 형태의 채식주의자인 비건이 되거나 동물성 식품을 전혀 먹지 않을지를 선택할 수 있습니다. 저는 고기를 먹습니다. 하지만 많이 먹지는 않습니다. 채소를 주로 즐겨 먹고, 고기를 먹지 않을 때 아쉬워하지 않지요. 그리고 저는 진짜 음식의 맛을 좋아하는데요. 개인적인 식사 원칙 중의 하나는 인공적인 것은 절대 먹지 않는 것입니다. 그래서 왜 사람들이 가짜로 만들어진 고기를 먹고 싶어 하는지는 이해가 잘 되진 않습니다.

하지만 동물을 죽이거나 환경을 파괴하기 때문이라는 윤리적 이유로 비건이 되기로 선택한 사람들은 햄버거나 치즈, 아이스크림이 그리울 때가 있을 거예요. 그래서 더 많은 선택지가 필요합니다. 그들은 제가 식물성 대체 식품에 좀 더 열린 자세를 가져야 한다고 말하고 저도 그들의 말을 경청하고 노력 중입니다.

제 첫 번째 궁금증은 그런 제품들의 맛이 어떤가 하는 것이었습니다. 기회가 되자마자 맨해튼의 최고급 식당을 방문해 '임파서블' 하게 비싼 '임파서블 버거'를 먹어보았습니다. 패티는 케첩에 너무 푹 절여져 있었어요. 제가 뭘 먹고 있나 싶었습니다. 2019년의 여름에는 발견하는 모든 식물성 고기나 유제품의 대체품을 맛본다는 분명한 목적을 가지고 뉴욕에서 열린 음식 박람회에 갔습니다. 제가 볼 때 가짜 고기들은 모양과 맛, 질감이 진짜와 아주 흡사했습니다. 하지만 제 입에는 간이 너무 짜더라고요. 식물성 치즈는 다른 문제가 있었는데, 식감이 별로라 좀 더 발전해야 할 것 같았습니다.

고기와 유제품의 식물성 대체 식품들은 원래 동물

성 식품만큼 영양학적 가치를 완벽하게 구현하지 못하지만, 그게 문제는 아닌 것 같습니다. 대부분의 현대인들이 영양 결핍인 경우는 거의 없으니까요. 우리는 뭘 먹든 엄청난 양의 비타민을 섭취하고 있습니다. 제가 걱정하는 건 만들어지는 방식입니다. 식물성 대체육들은 결정적으로 울트라 가공식품입니다. 산업적으로 생산되고, 다음의 비욘드 버거의 성분표를 보면 알 수 있듯이 가정에서는 절대 쓰지 않는 성분들이 잔뜩 들어있습니다.

분리완두콩단백, 카놀라유, 정제코코넛오일, 그리고 2% 내외의 분말셀룰로스, 메틸셀룰로스, 감자전분, 천연향료, 말토덱스트린, 효모추출물, 정제소금, 해바라기유, 글리세린, 건조효모, 아라비아검, 감귤추출물, 비타민C, 비트과즙추출물(색소), 초산, 호박산, 변성전분, 홍화적색소

당연히 제가 지어낸 게 아닙니다. 비욘드 버거가 짠 이유는 패티마다 소금이 1g 가까이 들었고, 토핑과

빵에도 훨씬 더 많은 소금이 들어가서죠.

식물성 버거가 가진 두 가지 장점은 중요합니다. 동물을 죽일 필요가 없고, 소고기보다 포화 지방이 적지요. 하지만 완두콩 단백질이요? 단백질은 어떤 종류든지 현대인의 식단에서 중요한 문제가 안 됩니다. 다양한 식품에 들어있고 대다수의 사람들이 필요한 양의 두 배가량을 이미 먹고 있기 때문입니다. 비건들도 충분한 칼로리와 콩류를 섭취한다면 단백질 섭취에는 문제가 없는 것이 사실입니다. 하지만 이 단백질 추출물에는 콩이 가진 다른 영양성분이 빠져 있습니다.

식물성 버거는 인공적으로 제조됐기 때문에 일단은 제가 좋아하는 식단과는 거리가 멉니다. 그래도 채식주의자인 부모들은 이런 버거를 파는 패스트푸드점에 아이를 데려갈 수 있어서 그나마 다행이라고 말합니다. 하지만 제가 보기엔 그 대체육은 다른 울트라 가공식품과 다를 바가 없습니다. 이런 식품들을 먹는 것이 방목한 소의 고기로 만든 버거를 가끔 먹는 것보다 정말 더 나을까요? 대체육이 가진 장점들은 중요하지만, 우리는 이 질문에 대해서 생각해볼 필요가 있습니다. 이런 질문에 답을 하기 위한 연구가 진행 중이라는 얘기를 들었는데, 결과를 기대하고 있습니다.

기후 변화 문제에 도움이 되는지는 저는 아직 판단을 보류하고 있습니다. 그동안 비교한 연구 자료들을 봤고, 보고된 내용을 통해 누가 그런 연구를 했는지 짐작할 수 있었습니다. 이런 제품들에 호의적인 사람들은 거기서 비롯된 이익을 추구합니다. 산업화한 육류 산업은 의견이 다르지만요. 농작물 재배와 가축 사육을 결합한 농업 형태인 소규모 유축 농업에 종사하는 사람들도 마찬가지고요. 반추동물들이 인간이 소화할 수 없는 풀을 소화하기 때문에 농사지을 수 없는 땅에 가축을 방목하는 것이 생태학적으로 이익이라면서요. 오늘날은 "재생 가능한"이라고도 표현하는 지속 가능한 농업은 영양분과 다른 가치 있는 성분들을 다시 토양에 돌려주는 걸 의미합니다. 이를 위해서 가축의 거름이 필요한 거고요. 동물의 사료로 쓰이는 작물을 기르는 땅을 되도록 줄이고 거기에 쓰이는 온갖 비료와 살충제 및 제초제 사용을 피하는 것이 분명 더 낫죠.

하지만 어떤 식물로 대체육을 만들어야 물과 토양을 보호하고 온실가스를 얼마큼 줄이는지를 보여주는 더 정확한 자료가 필요합니다.

저는 고기를 먹는 이상 가급적 인도적이고 친환경적으로 기른 동물의 고기를 먹고 싶습니다. 식물성 식품을 좋아하고 풀을 먹인 소의 고기나 방목해서 기른 닭의 고기를 먹기 위해 기꺼이 더 높은 가격을 지불할 의사도 있습니다. 물론 식물성 유제품과 대체육에 더 많은 돈을 지불할 의사를 가진 사람들도 있습니다. 이런 제품을 먹는다면 다른 사람이 먹는 것과 같은 음식을 먹으면서도 윤리적 기준은 훼손되지 않습니다. 먹는 것이 무엇이든 동물을 죽이는 것보다는 낫다고 생각할 수도 있습니다. 하지만 저는 이런 제품들의 가격이 높게 유지되는 한, 선택은 결국 계층의 문제가 된다고 봅니다.

요즘 건강과 환경, 사회경제, 그리고 산업적 가축 생산에서 비롯된 훨씬 더 까다로운 도덕적인 문제를 해결하기 위해 식품 기술과 기술적 보완을 통해 만들어진 이런 식물성 대체품들이 감탄스럽습니다. 하지만 이런 제품들이 하는 마케팅도 주의 깊게 계속 지켜봐야 합니다. 실험실에서 배양 세포로 만든 대체육과 같은 차세대 대체 식품에 대한 대중의 관심에도 그렇습니다.

그런 것들은 아직 시중에 나오지 않았지만, 투자자들은 대체육의 전망이 좋다고 보고 곧 그렇게 될 거라고 믿습니다. 대체육은 한때의 유행일까요? 저는 아니라고 생각합니다. 채식주의자들에게 대체육은 소중해요. 고기를 적게 먹는 것은 건강과 환경, 그리고 동물복지에 좋습니다. 타이슨Tyson, 퍼듀Perdue, 그리고 카길Cargill과 같은 거대 육류 회사들과 패스트푸드 체인들이 이미 이 시장에 뛰어들었습니다. 판매가 호황을 누리고 있지요. 이런 제품들은 사회경제적인 문제와 울트라 가공식품이라는 모순을 내포하고 있지만 적어도 구매할 여력이 있는 사람들을 위해 계속 존재할 거라고 생각합니다.

6

영양보조제는
우리 몸에 도움이 될까

제 생각에 인간은 영양학적 마법을 믿도록
타고난 것이 틀림없는 것 같습니다.

〜〜〜　　　　　　가끔 저는 사람들이 약을 밥 먹듯이 먹는다는 생각이 들 때가 있어요. 처방전이 필요하든 필요하지 않든, 약국 진열대에는 통증, 불면증, 변비, 우울증, 알레르기 등 각종 질병 치료에 쓰이는 온갖 종류의 약들이 즐비하고, 사람들은 건강에만 좋다면 비타민, 보충제, 영양 보조 식품, 그리고 소위 수퍼 푸드라 불리는 음식들을 부지런히 먹고 있습니다.

소금 알갱이 하나 가지고 호들갑을 떠는 건 어떻고요. 히말라야 핑크 소금이 그 옅은 장밋빛 색조가 몸에 좋은 포타슘, 마그네슘, 칼슘과 같은 미네랄이 들었다는 증거라며 비싸도 기꺼이 사는 사람들이 있잖아요?

저 자신도 오메가3의 함유가 높다거나, 항산화 성분, 또는 몸에 좋다고 알려진 피토케미컬phytochemical이 들었다는 이유로 특정한 음식을 먹을 때가 있습니다. 게다가 아침에 커피 한 잔이면 초능력이라도 생기는 것 같이 아주 기분이 좋아지잖아요. 기억력 강화! 신체 활동 향상! 뇌졸중 위험 감소! 그런데 만약 피쉬 오일이 그저 또 하나의 엉터리 약이라면요?

제 생각에 인간은 영양학적 마법을 믿도록 타고난 것이 틀림없는 것 같습니다. 그렇지 않고서는 사람들이 음식보다 약이 더 낫고, 비타민을 강화한 울트라 가공식품이 우리가 먹도록 진화한 음식보다 더 좋으며, '슈퍼푸드'가 같은 식품군에 있는 다른 음식보다 건강에 더 좋다고 믿는 걸 설명하기가 어렵네요. 이런 주장들은 믿음과 희망적 사고를 필요로 합니다. 우리는 심지어 그러한 음식들이 건강을 향상하는 데 큰 역할을 한다는 증거가 거의 없을 때조차 믿음을 버리지 않으니까요.

보충제가 좋은 예입니다. 보충제는 크게 영양제와 생약生藥(이보다 더 나은 표현을 모르겠군요), 두 개의 범주로 나눌 수 있습니다. 영양제는 상대적으로 받아들이기 쉽습니다. 주로 비타민과 미네랄뿐만 아니라, 오메가 3와 특정 아미노산을 포함합니다. 만약 어떤 성분이 건강에 필수적이라면 많이 먹을수록 더 좋겠다는 데서 인간의 마법적 사고가 시작됩니다. 휴, 영양소는 그런 식으로 작용하는 게 아닌데 말이에요. 우리 몸은 아주 소량의 비타민만을 필요로 합니다. 상대적으로 가공되지 않은 식품을 골고루 먹으면 필요한 영양소가 거의 다 충당되고 균형이 유지됩니다.

그런데 진짜 마법은 생약이 부리더군요. 감기에는 에키네이셔echinacea 꽃이, 무릎 관절이 쑤시는 데는 콘드로이틴chondroitin* 성분이 좋고, 콤부차는 만병통치라고 하던데요. 사람들이 정말 이런 효과를 믿냐고요? 확실히 믿더군요.

마법적 사고가 아니라면 성인 절반 이상이 건강 보조 식품을 먹는 이유를 설명할 수 없습니다. 효과가 미미하고, 있다 하더라도 플라시보 이상도 아닌 데다가 어떤 것들은 유해하기까지 한데도 사람들은 건강 보조 식품을 먹습니다. 보충제에 관한 과학적 근거의 부재는 알아보려는 노력이 없어서가 아닙니다. 보충제 산업은 제품의 이점을 보여주는 연구에 돈을 대는 것으로 악명이 높습니다. 산업과 독립적인 기관에서 자금을 댄 경우는 거의 그렇지 않죠. 제가 볼 때는 엄격하게 설계된 연구일수록 보충제의 이점이 더 적게 나

---

*   인체 결합 조직의 구성 성분으로 특히 연골과 뼈에 많다.

타납니다. 하지만 과학적 증명이 부족해도 사람들이 이런 제품을 섭취하는 걸 막지는 못해요. 보충제를 열심히 먹는 제가 아는 사람은 "과학이 뭐라고 하든 상관 안 해요."라고 하더군요.

사람들이 보충제를 먹으면서 더 나아진 듯한 기분이 드는 건 그럴 수도 있습니다. 더 먹으라는 압박을 주는 오늘날 식품 환경에서 식단에 관한 고민은 피할 수 없어요. 우리는 누구나 사소한 건강 문제를 가지고 있는데 보충제를 먹어서 나아진 기분이 든다면, 시도하지 않을 이유가 있을까요? 그래서 보충제를 먹습니다. 기분이 좋아집니다. 하지만 이건 과학이 아닙니다.

그러면 좀 어떠냐고요? 플라시보 효과뿐이라지만, 그것도 이점 아니냐고요? 대부분의 건강 보조 식품이 해가 없거나 또는 많은 의약품에 비해 해가 덜한 편이긴 합니다. 하지만 예외들도 존재하고, 문제는 그 예외가 무엇인지 알아야 한다는 것이죠. 저는 보충제 제조사들이 자기 제품의 이점을 진심으로 믿고 있는 것인지, 아니면 그저 인간 본성에 대해 냉소적인지 모르겠어요. 동기가 무엇이든, 그들은 정부의 감독 없이 자신들이 원하는 방식으로 원하는 보충제를 팔 권리를 얻으려고 수단과 방법을 가리지 않고 있습니다.

이렇게 된 데는 보충제가 큰 산업인 유타주의 오린 해치Orrin Hatch 상원 의원에게 공을 돌려야겠군요. 그는 1992년 산업 측이 작성한 식이 보충제 건강 및 교육법(이하 '보충제법'이라고 칭한다)을 통과시키도록 의회를 설득해 이러한 제품들의 규제를 본질적으로 해제했습니다. 그 법은 보충제가 기본적으로 무해하다고 가정합니다. 식품의약국FDA이 동의하지 않을 경우 보충제 제조사를 상대로 소송을 하는 방법밖에 없어요. 보충제법은 식품의약국의 감시를 매우 효율적으로 방해해서 보충제가 안전하거나 상품표시가 정확한지 확실히 따지기 어려워요. 연구에 따르면 많은 보충제들이 적혀 있지 않은 성분이 들었거나, 유효 성분이 적히지 않거나, 그 외 다른 불일치가 발견됐습니다.

더 심각한 점은 보충제법이 표현의 자유를 명시한 미국 수정 헌법 제1조 해석에 의도하지 않은 영향을 미치며 식품에 건강기능성표시health claim*를 규제하는 식품의약국의 능력을 서서히 약화하고 있다는 사실입니다. 보충제법은 과학적 입증에 많은 것을 요구하지 않으면서, 예를 들어 어떤 보충제가 건강한 심장이나 뼈, 혹은 인지 기능을 향상한다는 '구성 및 기능'을 주장하며 광고할 수 있도록 만들었습니다. 이것은 식품의약국의 입장을 바보로 만들면서 "효과가 있는"이라는 미심쩍은 표현을 사용한 건강기능성표시를 허가하도록 강제하고, "식품의약국은 이러한 주장이 제한적이며 확실하지 않다고 판단함"이라는 고지 사항을 추가해서 당신을 혼란스럽게 만듭니다.

일단 보충제 산업이 그런 주장을 할 수 있도록 허가받게 되자, 식품 회사들은 자신들도 같은 주장을 할 수 있어야 한다고 생각했습니다. 그들은 수정 헌법 제1조인 표현의 자유를 내세워 과학적 근거가 있든 없든 건강기능성표시를 허락해야 한다고 주장했습니다. 저는 건국의 아버지들이 식품 판매업자들이 잘못된 건강기능성표시를 할 수 있는 권리를 보호하기 위해 수

---

*   제조업자가 생산한 제품에 대해 건강에 도움이 된다고 표시하는 문구.

정헌법을 만들었다고 생각하지 않지만, 법원은 반복해서 식품 회사들의 손을 들어주었고, 식품의약국은 결국 법적인 다툼을 포기했습니다. 오늘날 식품의약국은 경악할 만큼 큰 문제나 잘못이 있을 때를 제외하고 보충제 문제를 다루지 않으려고 합니다. 사는 사람이 알아서 조심해야 해요. 무법지대나 마찬가지라니까요.

바로 이런 상황이 우리가 마법적인 사고를 하며 왜 그렇게 쉽게 식품의 건강기능성표시에 현혹되는지 설명해줍니다. 영양이 강화된 아침용 시리얼이 심장 질환을 줄여준다고요? 석류 주스가 알츠하이머를 예방해주고요? 미미한 양의 미네랄이 더 건강한 소금을 만들고 말이죠? 잠깐만 생각해봐도 깊은 회의감이 들어야 마땅하지만, 그런 말을 할 수 있도록 허가받는 일은 마케터의 꿈이기 때문에 기업의 마케팅 부서는 그런 주장을 홍보하려는 목표를 가진 연구에 엄청난 돈을 투자합니다. 저는 망고나 캐슈넛이 다른 과일이나 견과류와 비교했을 때 더 건강에 좋다고 주장하는 연구 제목을 보면 어떤 조합의 관계자들이 자금을 댔는지 짐작할 수 있어요.

'비타민 첨가'와 '일일 권장량 100%'라는 표현은 상품 판매에 매우 효과적으로 사용되는데, 호주 사회학자 조르지 스크리니스Gyorgy Scrinis가 말했던 한 식품의 전체 가치를 식품이 가진 한두 개의 영양소로 축소하는 '영양주의nutritionism'에 딱 맞는 사례입니다. 제너럴 밀스General Mills가 초콜릿 첵스 시리얼에 검은콩보다 더 많은 철분이 들어있다고 광고하는 것이 제품 판매를 위해 영양주의를 이용하고 있는 것이지요. 탄산음료 산업은 코카콜라나 펩시 같은 제품에 비타민 첨가를 허가하도록 오랜 기간 식품의약국을 압박하고 있습니다. 설탕이 든 음료를 건강하다고 포장할 수 있도록 말이죠. 지금까지 식품의약국의 방침은 업체들이 탄산음료에 비타민을 첨가하는 것을 막으려 애쓰고 있습니다. 업체들은 가당 음료와 스포츠 드링크에라도 비타민을 넣는 방식으로 빠져나가지만 말이죠. 현대인에게 비타민이 더 필요하냐고요? 대부분은 아니에요.

저는 '슈퍼푸드'를 언급할 때면 늘 따옴표를 사용하

곤 합니다. 이 용어에는 영양학적인 의미가 없기 때문입니다. 주로 특정한 과일이나 채소, 혹은 견과류에 항산화 물질이 들었다고 홍보할 때 사용하는 하나의 마케팅 용어입니다. 모든 식물성 식품에는 항산화 물질이 들어있습니다. 그러니까 이 정의에 따르면 모든 식품이 슈퍼푸드인 거죠. 안타깝지만 과학은 항산화 보충제가 주는 이점이 미미하고 어쩌면 해로울 수도 있다는 사실을 보여줍니다. 식물성 식품은 건강에 좋고 저는 식물성 식품을 크게 지지하지만 다른 견과류보다 호두를 먹는 게 더 낫다거나 다른 과일보다 포도가 특히 몸에 더 좋은지 묻는다면 전 아니라고 생각합니다.

보충제, 영양 보조 식품, 그리고 '슈퍼푸드'는 마케팅의 산물이지 과학이 아닙니다. 과일, 채소, 견과류, 통곡물이 몸에 좋냐는 질문에 대해 물론 그렇다고 대답할 수 있습니다. 하지만 그렇다고 많이 먹는 것이 몸에 좋지는 않습니다. 영양학 원칙상 다양하게 먹는 것이 가장 중요합니다. 그렇게 먹을 때 음식은 건강할 뿐만 아니라 즐거움을 주는 존재가 됩니다.

2

대체 음식과 정치가
무슨 상관이에요?

7

어째서 지구의 누군가는
늘 굶주리는 걸까

어째서 굶주리는 어린이와 여성, 남성들이
부유한 나라에서조차 사라지지 않는 거죠?

～～～～　　　고질적인 사회 문제들은 좀비처럼 후려쳐도 죽지 않고 계속 우리한테 다가오고 있습니다. 천연자원과 인적 자원이 풍족하고 부유한 이런 미국이라는 나라에서도 어떻게 집이 없고 굶주린 사람들이 이토록 많은 걸까요?

노숙자 문제의 근본 원인은 상당히 명백한 것 같습니다. 적절한 주택 공급의 부족, 분별없는 주택 정책, 약물 남용과 정신 질환에 대한 부족한 치료 조건, 고급주택화, 인종 차별, 님비 현상NIMBY 등을 들 수 있죠. 원인은 찾기 쉬워요. 해결이 어려울 뿐.

하지만 21세기 미국에서 굶주림이라뇨? 정말 당혹스럽죠. 현대의 산업형 농업 시스템은 전 국민에게 일일 권장 칼로리의 두 배가 되는 양을 제공할 수 있을 만큼 생산하고 있으니, 식량이 부족하다는 핑계를 댈 순 없을 겁니다.

어째서 굶주리는 어린이와 여성, 남성들이 부유한 나라에서조차 사라지지 않는 거죠? 분배의 문제일까요? 엄청난 사회적 불평등 때문에? 왜 우리는 이 문제를 해결할 수 없을까요?

그럼 모든 사람에게 이익이 되는 안전망을 만들기 위해 최상류층 사람들에게 더 높은 세금을 요구하도록 할까요? 저렴한 주택, 대중교통, 보육, 학교 급식, 의료, 그리고 대학을 포함하는 공공 교육에 납세자의 기금을 사용하고요? 이런 얘기는 오늘날 사회 구조에서는 상상하기도 힘들죠. 현대 사회에서는 사람들이 알아서 자신을 돌봐야 합니다. 그러다 보니 자원과 기회가 제한된 가족에 태어났다는 건 정말 유감스러운 일이 되어 버렸습니다.

유럽인들은 세금을 더 내지만 그들이 어떤 대가를 받는지 볼까요. 그들은 낸 것 이상을 돌려받습니다. 그들은 다른 나라 사람들이 의료와 더 높은 교육을 위해 지불하는 금액에 혀를 내두르며 안 됐다고 생각할 겁니다. 사회적 목적을 위해 더 높은 세금을 기꺼이 내도록 설득하기 위해서는 대통령과 의회에 있는 모든 사람의 강력한 리더십이 필요합니다. 일부 의원들은, 특히 새로운 구성원들은 이것을 이해합니다. 그들의 수가 늘어나도록 우리가 노력해야 해요. 그들이 도움 없이 굶주림의 문제를 해결할 수 없습니다.

저는 대공황 시기에 가난한 집안에서 태어났지만, 어떻게든 근근이 살 수 있었던 것으로 기억합니다. 끼니 사이에 굶주린 기억이 없거든요. 제가 처음 굶주림에 시달리며 집이 없는 사람들을 본 것은 1980년대 중반 보건 대학원에 갔을 때였고, 그때 저는 샌프란시스코 노숙자 쉼터 제공자 연합San Francisco's Coalition of Homeless Shelter Providers과 일 년간의 현장 조사를 했습니다. 레이건 대통령 시대에 사회 프로그램에 대한 삭감은 많은 사람을 빈곤하게 만들고 매일 안정적으로 먹을 수 있는 음식이 부족한 식량 불안을 야기했습니다. 그 당시 시와 주에서 실시한 조사를 통해 두 가지를 분명히 알 수 있습니다. 푸드 스탬프food stmap*를 위한 자금은 월말 전에 이미 소진된다는 사실과 민간 부문의 노력은 이를 메꾸기에 역부족이라는 점이었습니다. 이 두 가지는 지금도 여전하죠.

한 종교단체에서 운영하는 쉼터의 무료급식소에서

---

*   미국의 저소득층을 위한 식비 지원 제도.

자원봉사를 한 적이 있었어요. 기부도 하고 최선을 다했지만, 우리가 돕고 싶은 사람들의 삶을 개선하기에는 역부족이었습니다. 다수의 정신질환자, 알코올이나 약물 중독자, 정신적으로 안정되지 못한 전직 군인들이 계속 밀려들고 있었습니다. 오늘날 무료 급식소는 훨씬 개선됐고, 인구의 구성도 바뀌었죠.

지금 시대에 굶주리고 집이 없는 사람들은 오르는 집세, 감당할 수 없는 의료비, 명백한 불운 때문인 경우가 늘어나고 있으며 그들 중 상당수는 여성과 어린 아이들입니다. 이 문제를 더 나은 교육과, 직업, 저렴한 주택, 협력적인 사회복지사업 등을 통해 해결할 수 있을지도 몰라요. 실제로 이런 일을 하는 나라들에서는 그런 서비스에 대한 필요성이 줄어들고 있습니다. 미국도 이런 일을 할 수 있을 만큼 충분히 부유합니다. 하지만 민간 부문만으로는 절대 역부족이며, 하지도 않을 것입니다. 굶주림과 노숙자 문제를 다루는 일은 정부의 영역이죠.

부족한 것은 분명 정치적 의지입니다. 우리는 굶주림과 노숙의 문제에 익숙해져 있습니다. 거리나 지하철에서 구걸하는 사람들에게 화를 내며 그들의 비참함을 그들의 탓으로 돌린다면 1600년대 영국 빈민법 English Poor Laws의 시대로 후퇴하는 것이나 마찬가지입니다. 빈민법은 빈민들을 경제 체제의 빠른 변화에 적응하지 못하거나 어쩔 수 없는 환경의 희생자로 보지 않는 대신, 어쩔 수 없는 처지인 사람들을 본질적으로 하찮게 보고 가난을 개인의 탓으로 돌렸습니다. 이 법은 가난한 사람들에게 의지가 있다면 스스로 배우고 충분한 임금을 받는 직업을 얻을 수 있다고 전제합니다. 그리고 지금처럼, 정치인들은 어떤 도움이라도 세금의 지원을 필요로 하는 의존성을 야기할까 두려워했습니다. 볼썽사납게 길거리에서 죽거나 정치적으로 골칫거리가 되는 폭동을 일으키지 않을 만큼의 도움은 주었습니다. 그러나 인간적으로 품위 있는 삶을 살기에는 턱도 없었지요. 빈민법은 표면적으로는 굶주림의 완화에 목적을 두고 있었지만, 정치적인 의도 역시 있었습니다. 가난한 사람들을 거리에서 몰아내고 낮은 임금에도 기꺼이 일하게 만들려는 거였죠.

오늘날 정치인들도 여전히 복지와 식량 원조를 이

런 목적으로 사용하지만 하나가 더 추가됩니다. 그들은 가난한 사람들을 착취함으로써 권력을 얻습니다. 우리는 과거 푸드 스탬프라 불리던 저소득층을 대상으로 한 영양보충지원 프로그램(이하 '영양보충지원 프로그램'이라고 칭한다)에 관한 국회의 토론에서 이런 상황을 목도하게 되죠. 토론은 영양보충지원 프로그램에 등록한 사람들의 수와 비용을 어떻게 줄일 수 있는지에만 온통 관심을 쏟습니다. 사람들을 가난에서 벗어나게 만드는 최선의 방법이 무엇인지는 전혀 다루지 않습니다. 영양보충지원 프로그램에 참여한 많은 사람들이 직업이 있지만, 돈을 너무 적게 받아서 연방 식량 원조를 받을 자격이 되는 겁니다. 월마트와 아마존의 직원들마저 영양보충 지원 프로그램에 의존해야 한다면 기업이 빈곤을 지속시키도록 내버려 두는 꼴입니다.

영양보충지원 프로그램은 가장 큰 연방 식량 원조 프로그램입니다. 의료보장 제도나 사회보장 제도처럼 지금보다 훨씬 더 강력한 안전망이었던 정부의 재정 지원 혜택의 마지막 흔적 중 하나죠. 그 이점에 대해 설득력 있게 문서화하고 있지만, 프로그램에 아쉬운 점이 너무 많습니다. 2018년, 영양보충지원 프로그램은 관리 비용과 혜택을 위해 세금 650억 달러를 들였지만 4천만 명 이상의 참여자들에게 돌아간 한 달 평균 혜택은 125달러였습니다. 이 양은 빈곤이 더 심각한 지방으로 더 많이 돌아갔고 도시 지역에도 도움이 됐지만, 사람들이 자립하기엔 턱없이 부족합니다.

저는 영양보충지원 프로그램의 혜택이 지금보다 훨씬 커졌으면 하는 바람과 더불어 건강한 식단을 홍보하기 위해 지금보다 더 많이 노력했으면 좋겠습니다. 아시겠지만 영양보충지원 프로그램의 혜택은 대부분 식료품점에서 주로 사용되는데, 기본적으로는 수혜자들이 원하는 음식을 살 수 있습니다. 선택할 수 있다는 점은 좋죠. 하지만 식료품점에서는 의도적으로 높은 이윤을 남기는 울트라 가공식품의 판매를 촉진하도록 상품의 배치가 이루어지기 때문에 수혜자의 건강보다는 소매업체의 재무 건강을 증진하는 방향으로 가게 됩니다. 소득이 낮고 소외된 지역에는 식료품점이 없는 경우가 종종 있기 때문에 잡화점이나 편의점에서 살 수 있는 식품들로 선택이 제한됩니다.

저는 우리 사회가 어떻게 하면 돈이 많지 않은 사람들한테 필요한 식품을 가장 잘 전달할 수 있는지에 대해 많은 관심을 가졌으면 좋겠습니다. 무엇보다 울트라 가공식품과 비교해서 과일과 채소의 가격이 너무 많이 올랐거든요. 우리는 생활 수준을 향상하는 최선의 방법에 대해 깊이 토론해야 합니다. 다른 나라에서 쓰고 있는 방법들을 살펴보고 진지하게 고려해야해요. 현금지원, 보편적 기본소득, 육아 보조금, 주택, 교육, 의료 보험 같은 것들 말이에요. 한번에 두 가지문제를 해결할 방법도 있어요. 가난한 사람들에게 낮은 가격으로 작물을 판매하는 작은 농장주들에게 보조금을 지급하는 거죠. 하지만 그런 가능성을 이야기하는 것조차 정치적 의지가 필요합니다.

역사적인 이유와 정치적 의지의 부족으로 타협적으로 영양보충지원 프로그램을 옹호하는 사람들은 더이상의 삭감을 막는 데 초점을 맞출 수밖에 없는 실정입니다. 우리에게 굶주림을 해결하는 정책을 시작할 기회가 주어진다면, 더 나은 방법들을 생각해볼 수 있겠죠. 당장 굶주리는 입이 있고 영양보충지원 프로그램 대상자의 절반은 어린아이들이에요. 우리에게는 그들을 도울 책임이 있지 않나요? 저는 그렇다고 봅니다. 저는 이걸 정부가 책임져야 한다고 생각합니다. 재닛 파펜딕Janet Poppendieck이 1998년 그녀의 책 『달콤한 자선Sweet Charity?: Emergency Food and the End of Entitlement』잘 묘사된 것처럼, 우리는 현재 자원봉사 푸드 뱅크, 푸드 팬트리food pantry, 무료 급식소를 포함하는 병렬식 푸드 시스템을 운영하고 있어요. 상당수는 놀랄 만큼 효과적이기도 하죠. 하지만 이런 것들이 얼마나 좋고 많이 있는지와 상관없이, 지나치게 개인적인 기부에만 의존하기 때문에 굶주린 사람들을 위한 안정적인 안전망이 될 수는 없습니다.

제가 일선에서 굶주림을 막기 위한 활동을 하면서 배운 게 있다면, 민간 부문의 프로그램은 장기적 해결책이 될 수 없다는 사실입니다. 그래서 공공 정책이 필요한 거고요. 풀어서 얘기하면 납세자가 사람들을 가난에서 구제하는 기금에 투자하는 권한을 위임하는 법과 규제가 필요하다는 말입니다. 민간 부문이 접근하는 방식에서 제가 안타깝게 생각하는 부분이 있는데요. 음식에 대한 사람들의 즉각적인 욕구를 충족시키기 위해 지나치게 열심히 일하느라 근본적인 대책에 관여할 수 있는 여력이 없다는 겁니다. 시민 사회는 프로그램의 대상자가 겪는 배고픔, 식량 불안, 노숙 문제뿐만 아니라 이러한 문제들의 근본 원인이 되는 경제적이고 사회적인 불평등을 해결하는 정책이 필요하다는 것을 잊어서는 안됩니다.

8

과식을
부추기는 사회

양이 많으면
칼로리도 많다!

~~~~~ 　　　　　차에 넘칠 때까지 기름을 넣는 사람은 없습니다. 과다 주입을 막아주는 차단 장치가 있으니까요. 하지만 안타깝게도 우리 몸에는 과식을 막아주는 장치가 없습니다. 그래서 습관적으로 우리 몸이 태우는 것보다 더 많은 열량을 섭취하면, 지방이 붙게 됩니다. 하지만 현재 과체중이거나 비만인 많은 다른 사람들처럼 저 역시 이 단순한 덧셈 뺄셈을 모른 체하고 있죠.

우리 사회는 충동을 더 잘 통제해야 한다고 말하면서도 문화적으로는 과식을 장려하고 찬양하기까지 합니다. 1회 제공 분량은 어이없이 많은 데다, 우리는 온종일 먹을 것을 입에 달고 살죠. 특별한 것으로 여겨지던 사탕과 탄산음료가 탄생한 것이 100년이 넘었습니다. 오늘날에는 모든 계산대마다 이 특별한 음식이 진열되어 있습니다. 고작 인간일 뿐인데 먹어대는 양을 좀 보세요! 인간적으로 우리를 좀 불쌍히 여겨서라도 과식을 조장하는 일을 그만둘 수 없는 건가요?

비만을 생각하기 전에 우리가 무엇에 저항하는지 생각해볼 필요가 있습니다. 우리는 먹어야 사는데, 저렴한 가격의 음식들이 사방에 널려 있습니다. 분명 어떤 사람들은 참을 수 있을 거예요. 하지만 저도 바로 눈앞에 제가 좋아하는 음식이 있다면 거부하기 힘들거든요.

제가 어린아이였을 때, 식품 환경은 지금과는 아주 달랐어요. 제가 자랐던 것과 같은 부유하지 않은 가정에서는 충분히 남아도는 음식이 없었습니다. 그때 대부분의 사람들은 끼니가 되어야 음식을 먹을 수 있었어요. 끼니 사이에 배가 고파도 별 도리가 없었죠. 친구들과 저는 저녁밥을 먹을 때까지 밖에서 놀다가 목이 마르면 수돗물을 마실 뿐이었습니다. 저는 중하층 계급의 백인들이 대다수였던 공립학교에 다녔는데, 과체중인 아이는 거의 없었어요. 어쩌다 그런 아이들을 보면 놀리긴 했어도 체중 문제를 가진 아이는 극히 드물었습니다.

그런데 1980년대가 되자, 갑자기 모두에게 체중 문제가 생긴 것 같았습니다. 1980년대부터 2000년대까지 미국인의 평균 몸무게가 7킬로그램에서 9킬로그램 정도 증가했습니다. 옷 사이즈도 사람들에 맞춰서 커졌고, 허리는 신축성 있게 늘어났습니다. 어떻게 이런 일이 생겼냐고요? 미국인들이 평균적으로 300~500 칼로리를 매일 더 먹고 있었기 때문에 생긴 일입니다. 이 정도는 5킬로미터에서 8킬로미터 정도를 걷거나 뛰어야 소모할 수 있는 양입니다. 반면 일하고 놀 때의 육체적 소모는 줄어들고 있었지요. 그렇게 생각하면 많은 사람들이 살이 찌는 게 놀랄 일이 아니에요.

저는 『칼로리가 중요한 이유Why Calories Count』라는 책의 공동 저자로서, 칼로리 균형이 매우 중요하다고 생각합니다. 사용하는 것보다 더 많은 칼로리를 섭취하면 몸무게가 늘어나죠. 과식을 하는 사람 중에 어떤 이들은 다른 사람들보다 더 빨리 살이 찌는데, 그건 아마 유전적인 특질이나 칼로리를 얻는 음식의 종류, 혹은 마이크로바이옴 때문일 수 있어요. 하지만 기본적으로 내 몸이 쓰는 것보다 칼로리를 많이 섭취하면 누구나 살이 찝니다.

그렇다면 사람들이 칼로리를 더 많이 섭취하게 된

이유는 무엇일까요? 유전적 특질은 변하지 않았습니다. 선호하는 음식, 개인적 책임감, 몸속 마이크로바이옴 등도 마찬가지고요. 변한 것은 바로 식품 환경입니다. 우리가 음식을 선택하는 물질적, 사회적 맥락 말입니다. 갑자기 아무 때나 먹을 수 있는 훨씬 많은 양의 음식이 여기저기 널리게 된 거죠.

이런 일이 어떻게 벌어졌는지 보겠습니다. 저는 식품 환경이 달라진 이유가 농업 정책의 변화, 주주 가치, 음식 규제, 이렇게 전혀 다른 세 영역의 정책이 바뀌었기 때문이라고 봅니다. 농업의 변화는 미국의 경우 1970년대부터 시작됐습니다. 그전까지 정부는 과잉 생산을 막기 위해서 농부들에게 경작하지 않는 땅에 대한 보상금을 지불했었죠. 넓은 땅을 경작할수록 식량 생산이 늘 테고, 늘어난 식량은 곧 칼로리의 증가를 의미했습니다. 1980년에서 2000년 사이에 미국 내에서 공급 가능한 칼로리가 한 사람당 하루 3,200칼로리에서 4000칼로리로 증가했으며, 이는 대부분 사람에게 필요한 칼로리의 두 배 정도가 됩니다. 미농무부 USDA(이하 농무부)가 유지하고 있는 것처럼 이 중 3분의 1이 버려진다고 해도 여전히 과잉 생산이죠. 이제 식품 회사는 물자가 엄청나게 남아도는 시장에서 물건을 팔기 위해 더 치열하게 경쟁해야 하는 상황이 된 겁니다.

또 다른 이유 중 하나인 주주 가치 운동shareholder value movement은 1980년대 시작되었습니다. 이 운동은 수익은 낮지만 신뢰할 수 있는 블루칩 우량주를 거부했습니다. 대표적 사례가 IBM입니다. 대신 투자 대비 더 높고 더 즉각적인 수익을 요구했죠. 수익이 있다는 것만으로는 충분하지 않게 된 겁니다. 회사는 이제 지속해서 높은 주가를 유지하기 위해 끊임없이 수익을 늘려야만 했습니다. 지속적인 성장은 모든 기업에 힘든 목표였지만 특히 식품 회사들에는 더 힘든 도전이었습니다. 식품 회사들은 칼로리가 넘쳐나는 시장에서 제품을 팔기 위해 진작부터 애쓰고 있었으니까요.

그러자 식품 회사들은 신제품 개발로 소비를 끌어내는 전략을 썼습니다. 사람들은 밖에서 먹을 때 더 많이 먹는 경향이 있는데, 식품 회사들은 밖에서 먹을 수 있는 제품의 종류를 늘렸습니다. 높은 칼로리와 저렴한 음식을 파는 패스트푸드 음식점의 수도 늘렸으며, 역시 더 많은 칼로리를 섭취하게 만드는 간식도 홍보했습니다. 약국, 옷가게, 사무용품 판매점, 서점, 도서관 등 전에는 음식을 팔지 않던 장소에도 제품을 두었습니다. 정부의 규제 완화 정책은 기업들이 아이들을 대상으로 더 적극적인 광고를 가능하게 했으며, 소외된 집단, 소수 인종과 소수 민족, 저소득 국가의 사람들을 대상으로 점점 더 광고를 늘렸습니다.

이런 변화는 1회 제공 사이즈가 커지게 된 계기를 설명해줍니다. 수요와 공급의 법칙에 따라 과잉 생산된 제품들은 저렴했기 때문에 회사는 추가 비용을 거의 들이지 않고 양을 늘릴 수 있었습니다. 저는 1980년대에 600칼로리짜리 거대한 머핀이 등장해 우리가 지금 미니 머핀이라고 생각하는 200칼로리짜리를 기본 머핀의 자리를 대체했던 때를 기억합니다. 만약 제가 영양학적 진리 중에 단 하나만 전달할 수 있다면 이걸 말씀드리고 싶군요. 양이 많으면 칼로리도 많다!

뉴욕 대학교의 제 동료, 리사 영Lisa Young은 연구를 통해 비만의 증가와 더 커진 음식 제공 사이즈의 도입이 서로 밀접한 관련이 있다는 사실을 보여주었습니다. 거대한 사이즈는 식당에서 제공하는 양뿐만 아니라 특히 당이 들어간 음료, 간식류, 패스트푸드에 영향을 주었는데, 이런 식품들은 우리가 자제하기 힘든 울트라 가공식품들이죠. 이런 사실은 가난한 사람 중에 과체중과 비만이 많은 이유를 분명하게 보여줍니다. 울트라 가공식품은 저렴한 가격에 양이 많습니다. 식품 회사는 저임금 집단을 목표로 울트라 가공식품을 광고합니다. 어디서나 구할 수 있고, 먹기 간편하며, 맛있는 데다가, 누구나 살 수 있는 저렴한 가격이라는 점을 분명하게 내세우죠. 이런 마케팅에서 당연히 건강은 빠져있습니다.

오늘날의 식품 환경에 저항하는 일은 만만치 않습니다. 마케팅 기술을 살펴보면 도움이 될지도 모릅니다. 비판적인 사고가 중요하고, 언론과 광고에서 말하는 체중 감량의 '기적'을 잘 따져보는 것도 좋은 시작이 될 수 있을 것 같네요. 효과적인 다이어트라고 하려면 적게 먹는 데 도움을 줘야 합니다. 대부분의 다이어트는 식품의 총 섭취 칼로리를 제한하는 방법을 씁니다. 요즘은 탄수화물을 제한하는 것이 인기지만요. 설탕과 당 음료, 도넛, 빵, 쌀, 파스타, 피자 같은 음식을 피한다면 해당 음식이 제공하는 칼로리를 섭취하지 않게 되는 겁니다. 햄버거와 감자튀김을 더 많이 먹어서 보상하지만 않는다면, 모르는 사이 몸무게가 줄어들겠죠. 저는 『소다 정치학Soda politics』을 다이어트 책이라고 생각하고 쓰지 않았는데요, 그 책이 출간된 후 엄청나게 많은 사람으로부터 편지를 받았습니다. 탄산음료를 끊자 몸무게가 5, 10, 20킬로그램 정도까지 줄었고 어떤 경우는 35킬로그램 정도가 줄었다는 내용이었습니다. 탄산음료를 줄이자 칼로리가 줄어든 거죠.

건강한 선택이 더 쉬워지도록 환경을 개선할 수 있다면 멋지지 않을까요? 이를 위해서 우리는 제도가 필요합니다. 더 적은 양을 먹는 것을 용이하게 만드는 제도를 지지하는 것, 예를 들어 1회 분량의 크기에 대한 기준을 정한다든지, 더 적은 분량에 대한 가격 할인을 주거나, 식당이 제공하는 칼로리에 한도를 두는 것처럼요. 아니면 식품 사업의 마케팅을 제한하는 것도 한 방법입니다. 특히 울트라 가공식품과 아이들을 대상으로 하는 경우에는 더욱 필요합니다. 그런 도움이 없다면 각자 알아서 책임감을 기르는 게 최선일 겁니다. 오늘날의 식품 환경을 제대로 헤쳐 나가려면 그래야 할 겁니다.

9

돈과 정치,
그리고 음식

가난한 동네든 부유한 동네든,
모든 아이는 더 나은 대접을 받을 자격이 있습니다.

~~~~~ 　　　　정치인들은 툭하면 다음 세대를 위해 "더 나은 미래를 만들자!"라고 외쳐댑니다. 그 숭고한 목표를 위해 무엇보다 일단은 그들이 가진 입법권을 잘 이용해서 인종, 계층, 지역, 종교 등에 관계없이 모든 어려운 아이들에게 혜택이 돌아가면 좋겠습니다.

하지만 정치인들이 학교급식제도를 위해 자원을 배분하고 지침을 만드는 방식을 보면 산업형 농업으로 몰리는 정부의 원조에 비해 한참 뒤로 밀리는 듯한 인상을 줍니다. 급식은 보편적 건강을 위한 것인데 말입니다. 그렇지 않은 이상 아동 비만과 당뇨를 유발하는 농업과 영양 정책의 재고를 끊임없이 미루는 상황을 설명할 수가 없습니다.

모든 아이들을 잘 먹일 수 있는 적절한 자금을 투입하는 것이 국민들의 영양을 생각했을 때 확실히 장기적으로 비용이 적게 들지 않나요? 왜 건강에 좋고 영양이 풍부한 급식을 제공하는 법안이 쉽게 통과되지 않나요?

～～～～ 　　　간단히 대답하자면, 돈과 정치 때문입니다. 학교가 아이들한테 튼튼하고, 똑똑해지며 유능한 어른이 되는 데 필요한 영양을 제공하는 걸 모든 사람들이 바라지 않느냐고요? 불행히도 아닙니다.

2010년 미국에서 미쉘 오바마가 레츠 무브Let's Move 캠페인을 벌인 일이 있었습니다. 영부인은 아동의 비만 문제 해결을 개인적인 목표로 여겼습니다. 저는 백악관에서 누군가가 저처럼 음식 문제를 진심으로 신경쓰고 있다는 사실에 기뻤지요, 진짜로요. 그런데 이내 그가 본질을 제대로 이해하고 있는지 의문이 들었습니다. 학교 급식이 학교와 학부모, 그리고 국회를 모두 뒤로 하고 합심할 수 있는 단순한 문제라고 생각했을까요? 건강에 좋은 학교 급식을 위한 캠페인을 시작할 때 그것이 학교에 식품을 판매하고 아이들에게 마케팅하는 식품 산업에 맞서야 하는 일임을 알았을까요?

미쉘 오바마는 의회를 격려해 2010년 건강하고 '배고프지 않은 아동법Healthy Hunger-Free Kinds Act'을 통과시키도록 하는 것을 시작으로, 온 힘을 다해 식품 산업에 맞섰습니다. 이 법은 학교에서 제공되는 모든 음식에 대한 영양학적 기준을 제시했기 때문에, 입법자들이 자잘한 글씨들을 전부 읽어보았는지 의문이 들었습니다. '모든'이라는 표현은 아침과 점심뿐만 아니라 끼니 외의 간식과 탄산음료에 연방 정부 차원으로 보조금을 지불한다는 것을 의미했습니다. 농무부가 법령으로 의무화한 영양학적 기준을 제안서로 발행하자, 제 예상대로 난장판이 벌어졌습니다.

로비스트들이 국회에 장사진을 이룬 겁니다. 식품 회사들은 기준을 약화해 그들의 제품을 계속 학교에서 팔 수 있도록 의원들을 설득하기 위해 수백만 달러를 들였죠. 감자 협회와 피자 제조업자들은 일주일에 감자튀김을 제공하는 횟수와 토마토 페이스트가 채소로서 자격을 갖는다는 이유로 양을 제한하지 못하게 하려고 수백만 달러를 추가로 썼습니다. 이것은 효과가 있었습니다. 당신은 의회가 이보다는 나을 거라고 기대하겠지만, 의회는 농무부가 학교로 하여금 프렌치프라이를 매일 제공하게 만들고, 피자에 올라가는 토마토 소스 한 숟가락을 채소 제공량에 포함시키도록 했습니다. 거짓말 같지만 진짜 있었던 일입니다.

농무부가 최종 규칙을 발표하고 나자 반발이 훨씬 거세졌고, 그중 대부분은 예상치 못한 곳이었던 학교영양협회에서 있었습니다. 급식 서비스 담당자들을 대표하는 학교영양협회가 가지고 있는 불만은 네 가지였습니다. 우선 학교 급식 프로그램은 자금이 충분하지 못했고, 아이들은 그렇게 바뀔 음식을 좋아하지 않으며, 새로운 기준에 따르면 더 많은 낭비를 초래하고, 학교는 메뉴를 바꾸는 데 더 많은 시간이 필요하다는 것입니다. 첫 번째는 이익이 될 테고, 나머지 세 가지는 조사한 내용과 모순됩니다. 학교영양협회의 지도부는 대다수 회원들이 반대하는 가운데, 식품 회사들마저 포기한 부분을 맡아 의회와 농무부를 상대로 로비하면서 기준에 대한 반대를 조직하고 입맛에 맞는 연구를 위해 비용을 지불했습니다. 왜 그랬냐고요? 학교영양협회 재정 지원의 40%가 학교에 식품을 판매하는 회사들에서 나온다는 사실이 우연의 일치는 아닐 거예요.

이런 난리통에도 불구하고, 학교의 식단은 매우 향

상된 듯 보입니다. 저는 기회가 있을 때마다 학교를 방문해 식단을 보고, 맛은 어떤지, 그리고 아이들이 그음식들을 먹고 있는지 등을 살핍니다. 서비스에 종사하는 분들 덕분에 일부 학교는 모범적인 식단 프로그램을 운영하죠. 음식 냄새가 좋고, 아이들이 잘 먹어서 버려지는 음식물이 별로 없어요. 음식은 나쁘지는 않은데 아이들이 잘 먹지 않는 곳도 있지만요. 여전히 제대로 운영되지 않는 곳도 있고요. 결정적 차이는 프로그램을 운영하는 어른들이죠. 당연한 얘기지만 어른들이 신경을 쓰면 음식이 맛있어지고 아이들은 잘 먹습니다.

하지만 진짜 어려운 부분은 자금 조달입니다. 다른 공공 프로그램과 다르게, 급식은 자립적으로 운영하게 되어 있습니다. 급식에 대한 농무부의 재정 지원금은 인건비와 비품을 포함해서 딱 식사에 필요한 양만큼만 남습니다. 주방이 없는 학교는 훨씬 비싼 도시락을 제공해야 하죠. 농무부의 지급은 참여 수준에 따라 다른데요, 일부 아이들만 무상급식이나 가격 인하 혜택을 받을 수 있어서 안타깝게도 친구들 사이에서 낙인이 찍히거나 혜택을 거부하는 문제가 발생하고 있습니다. 이런 문제를 해결하는 한 가지 방법은 보편적 시행을 통해 모든 아이에게 급식을 무상으로 제공하는 것입니다.

가능하다면 학교 텃밭도 그래야 한다고 생각합니다. 뉴욕시에 있는 한 가난한 동네의 학생들이 화분에 직접 샐러드용 채소를 길러서 먹는 걸 본 적이 있습니다. 요즘 많은 연구들이 학교에 텃밭이 있으면 아이들이 채소를 좋아하고 먹게 만드는 데 도움이 된다는 사실을 보여줍니다. 학교마다 텃밭이 하나씩 있는 모습이 얼마나 아름답겠어요. 창가에 놓인 화분 하나라도요. 그런데 식품 산업이 학교와 집에 있는 아이들을 대상으로 울트라 가공식품을 무자비하게 마케팅하는 걸 막을 수는 없는 걸까요? 앞서 말했듯 미셸 오바마가 시도했었죠. 그녀는 식품 산업의 경영자들에게 그들이 판매하는 제품과 아이들에게 광고하는 방식을 완전히 다시 따져봐야 한다고 말했습니다. 용기 있는 발언이었죠. 하지만 제가 언젠가 백악관 모임에 참석했을 때 있었던 일인데, 아이들에 대한 광고를 멈춰야 한다는 말에 식품 회사의 대표들은 "우리는 우리 주주들에 대한 신뢰의 의무가 있습니다."라고 단호하게 답하더군요. 그들의 입장에서 기업의 이익이 먼저였던 거죠. 아이의 건강을 고려하는 일은 확실히 그다음이고요.

학교 급식이 어떻게 갑자기 엄격한 복지국가에 대한 논쟁에 불을 붙이게 됐는지 잘 모르겠습니다. 다만 식품 회사들은 아이들 먹거리 문제에 대한 부모들의 불안을 교묘하게 잘 이용한다는 건 알죠. 양육에 비판적인 느낌을 준다면 불안이 더해집니다. 학교가 탄산음료와 과자를 팔지 않는다거나 아이들에게 사탕으로 보상을 해주는 선생님들을 의기소침하게 만든다면, 혹은 생일 파티에 컵케익을 못 먹게 한다면, 일부 부모들은 개인적으로 비판받는다고 느끼고 불만을 가지게 될 겁니다. 학교는 이런 불평을 진지하게 받아들이고 아이들이 더 건강한 음식을 먹기를 바라는 이유를 설명해야 합니다. 그리고 더 건강한 식품 환경의 긍정적 효과를 보여줄 기회를 달라고 부탁해야 합니다.

저는 학교와 관련된 모든 사람이 정크 푸드를 보다 큰 맥락에서 쉽게 살펴볼 수 있었으면 좋겠는데요. 베

티나 시겔Bettina Siegel은 2019년 『키드 푸드Kid Food』라는 책을 통해 수업 시간에 정답을 맞힌 아이들에게 보상으로 주어지는 사탕의 양이 어마어마하다는 사실을 조사해서 보여주었습니다. 뉴욕 대학교의 박사 과정에 있는 제 학생 하나는 초등학교에서 일할 때 생일 파티를 위해 부모가 가져온 음식들을 보고 믿을 수가 없었다고 합니다. 케이크, 아이스크림, 사탕을 비롯해 만들어온 음료수나 과자의 칼로리를 합해보니 파티에 참석한 아이 한 명당 250에서 450칼로리였다고 합니다. 유치원 아이들이라고 다르지 않죠.

학교가 보편적 무료 급식을 하거나 적절한 가격으로 음식을 제공하려면 더 많은 돈이 필요합니다. 하지만 가공된 제품이 아니라 진짜 음식을 기본으로 하는 식사라면 좋겠습니다. 울트라 가공식품은 최소한으로 유지하면서요. 생일이나 다른 축하 파티의 경우 한 달이나 한 주에 한 번 정도 하도록 관리를 하면, 무엇보다 당으로 섭취하는 칼로리를 최소화하도록 관리할 수 있을 것입니다. 물론 현실적으로 어려움이 많아서 이런 것들이 이상적일 수도 있습니다. 하지만 우리가 계속해서 계속 이상을 얘기한다면, 언젠가는 분명 학교들이 제대로 된 주방과 텃밭을 갖춰서 아이들이 채소를 기르고 음식을 다루는 법을 가르칠 수 있는 환경을 실현할 수 있을 것입니다. 저는 이 모든 일이 실현된 학교를 본 적이 있는데요, 정말 멋진 광경이었습니다. 가난한 동네든 부유한 동네든, 모든 아이는 더 나은 대접을 받을 자격이 있습니다.

10

음식에 안전이
지켜지지 않는 이유

안전한 수준이라고 해도,
그러한 물질이 우리가 먹는
음식과 물에 있을 이유가 없죠.

뭔가 잘못된 걸 먹어서 아프거나 심지어 죽을 수도 있다는 사실을 생각할 때면 음식이 무서운 것이라는 생각이 듭니다. 그럴 때면 식품 제조 시스템에도 온갖 위험 요소가 가득해 보입니다.

소비자와 노동자를 보호하려는 수많은 법규가 있습니다. 하지만 들에서 사용되는 유독한 살충제와 제초제는 그것을 뿌리는 농장 노동자의 건강을 위협하고, 잔여물은 생산 자체를 오염시킬 수도 있습니다. 특히 도살장은 위험한 일터로 악명이 높은데요, 복잡하고 정신없는 처리 과정 때문에 노동자가 부상을 입고 질병에 걸릴 위험이 높다고 합니다.

가축에 대한 항생제의 남용으로 인간한테 사용하는 항생제의 효과는 점점 떨어져서 잠재적으로 치명적인 '슈퍼버그'를 만들어 냈죠. 병원성대장균과 살모넬라는 뉴스에서 심심치 않게 등장합니다. 농작물이 식탁에 이르기까지 다양하고 치명적 위험이 곳곳에 도사리고 있는 것 같아요. 정확히 얼마나 우리 식품 생산 과정이 오염된 걸까요?

식품 안전 문제는 큰 골칫거리입니다. 물론 현재 법과 규제는 과거에 비해 엄청나게 발전했습니다. 다만 우리에게는 식품 안전에 전념하는 풍토가 부족합니다. 풀어서 얘기하자면, 임원진부터 채소를 포장하는 일선 노동자들을 포함해 식품을 생산하는 데 관여하는 모두가 안전한 식품을 생산하는 데 책임감을 느끼고 최선을 다해 안전한 절차를 고수하는 문화가 아직까지는 부족하다는 것입니다. 공식화된 문서뿐만 아니라 진심으로 우려하는 마음이 담긴 차원에서 말입니다.

미국항공우주국NASA(이하 '나사') 덕분에 우리는 안전한 식품을 생산하는 법을 알게 됐습니다. 우주 비행사는 절대 식중독에 걸리면 안 되겠죠. 특히 중력이 하나도 없는 환경에서라면요. 그래서 나사는 매우 효율적인 일련의 예방 절차를 고안했습니다. 식품 생산 과정에서 오염이 발생할 수 있는 지점을 식별해서 발생을 예방하기 위한 절차를 밟고 확실하게 효과를 발휘하도록 감독하는 겁니다. 이 방법은 우주 공간에서 제대로 효과를 발휘했으니 지구에서도 효과가 있을 거예요. 효과가 없다면 사람 목숨을 담보로 그럴듯하게 흉내만 낸 것일 테니까요.

위험한 박테리아나 화학물질이 발견돼서 매일같이 리콜되는 식품들이 있는 것을 보면, 식품 안전을 위한다는 절차들이 식품 안전을 표면적으로만 내세울 뿐 개인이나 회사의 가치로 지향하는 것은 아닌 것 같습니다. 왜 그럴까요? 생산 라인의 가동 속도를 늦추면, 그만큼 돈을 벌지 못하기 때문입니다. 안전상의 문제가 있다면, 생산 라인을 멈추거나 제품을 리콜해야 할지 모르고요. 이런 불이익이 너무 크니까, 회사로서는 평상시대로 일을 유지하고 노동자의 부상이나 어쩌다 발생하는 질병으로 인한 비용 부담을 감수하는 쪽을 택하는 거죠. 기업의 과실로 노동자가 다치고, 소비자가 아파서 입원하거나 죽게 된 것으로 드러났을 때도 기업의 책임은 제한적입니다.

그렇다면 정부의 단속은 어떻게 된 걸까요? 문제의 심각성이 타의 추종을 불허할 정도입니다. 특히 그중 두 기관이 제일 문제인데, 하나는 육류와 가금육을 관리하는 기관이고, 다른 하나는 그외 기본적으로 나머지를 전부 관리하는 식품의약국^{FDA}입니다. 농장의 가축들에서 나온 병원성 박테리아로부터 채소밭을 보호하려는 것이죠. 질병통제예방센터 추산 매년 미국인 6명당 1명(4천 8백만 명) 정도가 식품을 매개로 한 질병으로 고통받는다고 합니다. 이 중 12만 5천 명이 넘는 사람들이 병원 신세를 지고, 3천 명이 목숨을 잃습니다.

2019년에는 200명 가까이 되는 사람들이 4종류의 항생제에 내성을 가진 고약한 살모넬라균에 감염된 돼지고기를 먹고 병이 났지만, 돼지고기 생산자들은 질병통제예방센터가 그들의 농장을 조사하는 것을 거부했습니다. 조사받을 의무가 없기 때문입니다. 육류산업은 로비와 선거 자금 기부를 통해 안전조사가 자발적 차원에서 이루어지도록 만들었으니까요.

그렇다면 우리가 왜 이런 상황을 묵인할까요? 로비와 선거 캠페인에 돈을 기부하는 게 합법적이라지만, 우리가 분노를 느끼지 못하는 이유는 이런 일이 일상처럼 벌어져서라고 생각합니다. 우리 중 다수가 한두 번쯤 식중독을 경험합니다. 하루 이틀만 끔찍하게 보내고 나면 회복되고요. 그런 경험이 자연스럽게 느껴지는 겁니다. 우리가 아끼는 누군가가 햄버거에 있던 해로운 대장균이나, 달걀 또는 땅콩버터에 든 살모넬라, 또는 연성치즈에 있는 리스테리아 때문에 목숨을 잃어야 비로소 분노를 느끼게 됩니다. 그러고 나서 '음식 매개 질병 막기Stop Foodborne Illness' 같은 단체에 가입하죠. 이 조직은 1993년 오염된 잭인더박스Jack in the Box 햄버거를 먹고 죽은 아이들의 부모가 세운 활동 단체입니다. 회사는 식품 안전 절차를 정비하고 더는 관련 사고가 생기지 않았지만, 아직 식품 안전 활동가들이 해야 할 일이 많습니다. 식품의약국도 마찬가지고요. 의회는 자금 수요를 충족시키지 않고 책임만을 늘림으로써 식품의약국의 감시 능력을 제한해왔습니다.

조직의 활동가들은 식품 안전사고를 주로 맡는 변호사의 도움을 받고 있습니다. 잭인더박스 사건의 피해자를 대리하면서 일을 시작한 그 변호사는 계속 비슷한 사건을 맡아 피해자들을 위해 생산자들의 과실로부터 적지 않은 보상금을 받아내기 위해 노력하고 있습니다. 오염된 음식이 누군가를 아프게 한다는 사실을 증명할 수 있으면 승소하죠. 이는 법원이 식품 안전법을 강제하는 데 책임을 지도록 만듭니다. 이미 피해가 발생한 뒤지만요.

예방적 식품 안전 규제가 지금보다 더 나은 방향으로 조정될 필요도 있지만, 식품 회사들과 연방 기관들이 현재 할 수 있는 일을 더 진지하게 해야 합니다. 그렇지 않으면 딴 데 정신 팔린 국가 기관과 자금력이 달리는 식품의약국은 생산자들한테 별로 할 수 있는 일이 없고, 식품 안전은 우리 책임이 되겠죠. 그들은 일반 소비자들한테 손과 주방을 청결하게 하고, 교차 감염을 막기 위해 분리해서 요리하며, 즉시 냉동시켜서 차게 만들라고 권고합니다. 마땅한 조언이긴 합니다만, 생산될 때부터 안전한 상태로 우리한테 오면 더 좋지 않을까요? 가정집의 부엌을 생물학 실험실처럼 삼엄하게 만들 필요는 없잖아요.

그래도 안심이 되는 사실은 조리 과정에서 대부분의 병원균이 죽는다는 겁니다. 그래서 전문가들은 자연 상태의 물, 우유, 또는 주스를 절대 마시지 않으며 익히지 않은 새싹이나 갑각류, 날것이나 조리되지 않은 육류, 알류, 곡물의 가루, 미리 세척했거나 자른 과일과 채소는 절대 먹지 않는다고 말합니다. 이런 음식을 섭취해서 질병에 걸릴 가능성은 얼마 되지 않을 수 있지만, 조리된 음식에 비하면 높지요. 그런 위험을 감수할 이유가 있을까요? 결정은 여러분 각자의 몫입니다.

하지만 화학 오염 물질에 관해서라면 당신에게 선택권이 없습니다. 우리가 마시는 물과 식품에서 납, 유독한 화학 물질, 농업용 비료, 살충제, 제초제가 검출된 경우를 너무 자주 경험하게 됩니다. 대부분은 극소량이지만 가끔은 안전한 수준을 넘어서기도 합니다. 안전 수준이 아예 없는 납을 제외하고 다른 화학물질이 우리 건강에 얼마나 해를 끼치는지는 알기 힘든데, 이는 생산업자들이 그 해악에 대한 의심을 조장하고 로비를 통해 의회가 독립적인 조사와 정부 규제를 중단하는 데도 능숙하다는 것이 일부 이유가 됩니다. 푸드 시스템이 가장 불평등한 지역은 명백하게도 가난한 동네입니다. 미국의 미시간주 플린트^{Flint}시의 납 수돗물 사태에서 알게 됐듯이 가난한 지역의 물과 토양은 오염됐을 가능성이 가장 높습니다. 게다가 문제는 아직 제대로 해결되지 못하고 있다는 사실입니다.

안전한 수준이라고 해도, 그러한 물질이 우리가 먹는 음식과 물에 있을 이유가 없죠. 저는 이런 화학물질이 우리의 건강에 좋다는 증거는 본 적도 없고, 다수의 연구는 반대의 결과를 보여줍니다. 연구를 더 많이 하는 것도 도움이 되겠지만, 우리한테 무엇보다 필요한 것은 더 나은 법과 시행, 그리고 감독입니다.

관련해서 몬산토Monsanto사가 만든 제초제의 주성분인 글리포세이트glyphosate가 주목할 만한 사례입니다. 이 제초제는 유전자 조작 옥수수와 대두 주변에 잡초를 제거하기 위해서 사용되거나 가정에서도 위험하다는 사실을 모른 채 널리 사용됩니다. 한 국제 암 연구기관에 따르면 글리포세이트는 암을 유발하거나 비호지킨림프종의 위험을 증가시킬 수 있습니다. 이 화학 물질의 현재 소유주는 몬산토사를 매입한 독일의 화학회사 바이엘Bayer로, 글리포세이트가 안전하다고 주장하죠. 하지만 몇몇 판례를 보면 배심원들은 여기에 동의하지 않고 있습니다. 과학 위원회와 법원에서 글리포세이트의 안전성을 두고 다투는 동안에는 그것을 피하는 것이 합리적 선택 같습니다.

어떻게 피해야 할까요? 제가 아는 유일한 방법은 유기농이나 비유전자조작식품non-GMO표시가 붙은 식품을 사는 것입니다. 농무부가 지정한 유기농이라는 규정은 가장 해로운 농업용 화학물질의 사용을 완벽하게 금지한다는 것입니다. 이것만으로도 유기농 제품을 사야 할 이유가 충분한데, 유전자 조작 식품도 금지라고 하니 이걸 따르지 않을 이유가 없습니다. 이런 식품들이 너무 비싸거나 구하기가 어렵다면 가장 심각하게 오염된 것만이라도 피할 수 있으면 좋은데, 이때 미국의 비영리 환경 단체인 환경워킹그룹EWG에서 발표한 '더티 더즌Dirty Dozen*'을 참고할 수 있습니다. 2019년에는 딸기, 시금치, 케일, 복숭아, 사과가 순서대로 목록의 상위권을 차지했죠. 이 그룹은 농약이 없을 가능성이 가장 높은 식품들의 목록도 발표하는데요, 여기에는 아보카도, 스위트콘, 파인애플, 완두콩,

---

*　농약 잔류량이 가장 높은 과일 및 채소 12가지.

양파 등이 포함됩니다.

그런데 안타깝게도 식품 안전성은 공공의 건강보다는 정치에 더 영향을 받습니다. 낙후된 저소득 도시들의 수돗물에서 납이 발견된다는 것은 그곳의 사람들이 선거권이 없으며 정치인들이 제대로 일하지 않고 있다는 사실을 명백하게 보여주는 신호죠. 만약 우리가 오염된 알류, 햄버거, 치즈 등을 먹고 아프다면, 식품 제조사들이 식품 안전법을 제대로 따르지 않고 있으며 농무부와 식품의약국은 그 법을 적절하게 집행하고 있지 않다는 뜻입니다. 변화가 필요합니다. 여기서 변화는 정치적 행동을 의미합니다.

우리는 의회가 감독 기관에 법과 자원을 제공하여 식품 회사들이 식품과 식품 종사자들의 안전을 중시하는지 제대로 감시하라고 강하게 목소리를 내야 합니다. 다른 무엇보다도 식품 안전이 올바른 푸드 시스템을 위해 우선적으로 다뤄야 할 문제입니다.

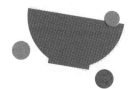

먹거나 버리거나.
음식의 40%를 버리는 이유

지나치게 많은 음식은
우리가 둘 중 하나를 선택하게 만듭니다.
먹거나 버리거나. 다 먹으면 살이 찌겠죠.

어찌나 풍족한 시대에 사는지, 우리는 어림잡아 생산하는 식량의 40%를 버리고 있습니다. 생각할수록 너무한 거 아닌가요? 물론 어쩔 수 없이 생기는 음식물 쓰레기도 있습니다. 하지만 영양보충지원 프로그램에 참여하는 사람이 4천만 명이나 되는 상황에서 단지 생긴 게 완벽해 보이지 않는다거나 모호하고 애매한 '판매 유효' 기간을 이유로, 먹는 데 전혀 문제가 없는 음식을 연간 약 272만 톤 정도를 폐기하고 있는 이유가 뭘까요?

음식만이 아니라 생산에 필요한 화석 연료와 물도 마찬가지입니다. 여기에 우리가 매립하는 음식 쓰레기는 부패하면서 메탄가스를 만들어내고 기후 변화에 악영향을 미치기까지 하죠. 대공황과 제2차 세계대전에서 식량 부족을 경험했던 세대는 음식을 귀한 자원으로 여겼고 실제로도 귀했습니다. 우리 세대가 그런 사고방식을 조금이라도 다시 생각해볼 수 있을까요?

음식 낭비는 올바른 음식 문화를 지지하는 활동에서 무엇보다 시급한 과제로 다루고 있습니다. 남는 음식을 기부하는 것 역시 그런 활동 중 하나로, 누구나 참여할 수 있고 참여하는 사람들은 다들 보람도 느낍니다. 사람들이 낭비하지 않도록 만드는 방식을 공중 보건 분야에서는 '아래로부터' 접근이라고 합니다. 하지만 이는 음식이 우리에게 도달하기 한참 전에 생기는 식품과 농업 정책의 문제를 개인의 책임으로 떠넘기는 면이 있습니다. 우리 모두가 식재료를 산 뒤에 더 잘 쓸 수도 있겠죠. 하지만 핵심은 그게 아니라는 겁니다. 애초에 지나치게 많은 음식이 생산되는 게 문제입니다.

일단 '우리'라고 표현하면, 음식이 너무 많이 낭비되는 이유가 우리한테 있다는 암시를 줍니다. 당신과 제가 음식에 대해 유난스럽게 굴지 않았다면, 그리고 소매상들도 유통기한 문제로 상품들을 내다 버리지 않았다면, 도움이 필요한 사람들에게 음식을 전달할 수 있었을 것이고 환경에 끼치는 영향을 줄여서 궁극적으로 모두가 좋아질 거라는 듯이 말입니다.

네, 그럴 수 있습니다. 하지만 농무부의 자료에 따르면 우리 먹거리 소비자들은 낭비되는 식품 중 겨우 20%에 대한 책임이 있으며, 소매상들의 책임은 10%에도 못 미친다고 합니다. 소매상들이 폐기하는 양은 두드러져 보일지 모르지만, 대부분은 펫푸드나 동물 사료 제조업체로 보내집니다. 가공업에서 낭비되는 양도 그렇게 많지 않아요. 못생긴 과일과 채소는 통조림이나 소스를 만드는 데 사용되니까요.

결국 70%에 해당하는 낭비의 대부분은 생산과 수확의 단계에서 생겨난다는 뜻입니다. 미국에서의 낭비 문제는 한 명당 하루 4000칼로리에 해당하는 과잉 생산 시스템에서 시작됩니다. 어림잡아 3분의 1이 버려진다는 뜻입니다. 날씨, 벌레, 곰팡이, 불완전한 수확으로 인해 불가피하게 발생하는 경우도 있지만, 낭비는 시작 단계부터 푸드 시스템에 내재하고 있습니다.

저는 이 70%에 더 주목하고 싶습니다. 저는 챔피언 12.3Champions 12.3 회의에 참석한 적이 있습니다. 챔피언 12.3은 2030년까지 세계적으로 생산 과정에서 생기는 식량의 손실과 낭비를 절반으로 줄이기 위한 국제 기업의 고위임원들로 구성되어 있습니다. 이 식품 회사들은 입버릇처럼 낭비를 줄이자고 말합니다. 수입을 위협하지 않으면서 성취할 수 있는 목표이기 때문입니다.

과잉 생산이 어떻게 식량 낭비의 근본 원인이 되는지 알아보려면, 인구한테 필요한 양의 두 배를 생산하게 만드는 농업 정책부터 살펴봐야 합니다. 이런 농업 정책들은 유기농 채소 생산이나 재생적인 농업 방식을 장려하는 데 도움을 주는 것이 아니라, 되도록 많은 양의 옥수수와 콩을 생산하는 농부에게 혜택을 주기 때문에 결과적으로 황폐한 토양이나 물이 부족한 땅에서도 작물을 재배하도록 만듭니다.

환금작물을 과잉 생산하면서 그것들을 원료로 하는 식품의 가격이 너무 낮아져서 서슴없이 버리게 되는 거죠. 과잉 생산은 평범한 슈퍼마켓이나 마음껏 먹을 수 있는 뷔페 등 어디에나 5만 개 이상의 제품이 있으며, 그런 것들 대부분이 너무 오래 방치되어 부패하기 쉬운 이유를 설명해줍니다.

지나치게 많은 음식은 우리가 둘 중 하나를 선택하게 만듭니다. 먹거나 버리거나. 다 먹으면 살이 찌겠죠. 비만은 과잉 생산으로 인한 외부적 비용 손실이며 비싼 대가입니다. 버리는 것도 마찬가지입니다. 낭비되는 음식으로 할 수 있는 최선은 반려동물이나 가축을 위한 사료 또는 비료를 만들거나 기부하는 것입니다. 아니면 결국 땅에 묻어야 하는데, 그렇게 되면 메탄가스를 만들어 환경을 파괴하고 기후 변화에 악영향을 미치게 될 겁니다.

버려지는 식량을 반려동물 사료로 이용하는 데는 불만이 없지만, 인간에게 남는 음식이 다시 돌아가는 과정의 안전성은 한번쯤 생각해볼 필요가 있습니다. 남은 음식을 위탁 받아 이를 소외계층에게 지원하는 푸드뱅크는 뭐가 됐든 없는 것보다는 낫다는 원칙을 바탕으로 운영될 수밖에 없는 분배 시스템입니다. 주어지는 음식과 돈으로 할 수 있는 한 최선을 다하고 있긴 하지만, 제공하는 음식의 대부분이 고도로 가공되어 오래 보관할 수 있는 식품일 수밖에 없습니다. 현금 기부는 턱없이 부족해서 상하기 쉬운 신선 식품은 종종 건너뛰는 거죠.

저는 농장이나 슈퍼마켓, 대학의 식당, 레스토랑

등에서 폐기되는 식품이 지금보다 더 효율적인 방식으로 푸드뱅크에 제공되면 좋겠다는 호소를 들을 때가 많습니다. 안전과 물류상의 상당한 어려움에도 불구하고, 거의 미국 전역에 있는 단체들은 이를 위해 열심히 애쓰고 있죠. 언젠가 뉴욕주 북부 지역의 한 농가를 방문한 적이 있었는데, 막 추수를 마친 터라 들판에는 미처 수확을 못 하거나 상품가치가 없는 멜론과 호박, 옥수수가 버려져 있었습니다. 농부는 차로 올 수 있는 거리에 있는 모든 푸드뱅크에 연락해서 그것들을 가져가라고 했지만, 운송비와 인건비 문제를 감당할 수 있는 곳이 없었어요. 우리 각자는 필요한 것만 사고 낭비되는 음식을 활용하는 방안을 찾기 위해 최선을 다해 노력해야겠죠. 하지만 굶주리는 사람이 없도록 할 수 있는 더 확실하고 좋은 방법이 있습니다.

우리가 진정으로 음식 낭비와 식량 불안을 해결하고 싶다면 둘 다 근본적인 차원에서 정면으로 다뤄야 합니다. 음식 낭비의 경우, 생산량이 아닌 품질과 보존, 그리고 지속가능한 방식에 보상금을 지급하는 농업 정책을 주장해야 합니다. 오래전에는 농부들이 재배할 수 있는 식량의 양을 제한했었죠. 이것들을 다시 고려해볼 가치가 있습니다. 동시에 농장 일꾼들에게 제대로 된 임금을 주고 농부들이 생산물에 대해 공정한 가격을 보장해서 가난을 해결하는 데 도움을 줄 수 있습니다.

그런 방식들이 식품의 가격을 상승시킬 수 있다는 사실을 저도 잘 알고 있습니다. 품질이 높은 음식은 생산에 더 큰 비용이 들죠. 유기농 식품의 가격은 기존의 재배 방식으로 생산한 것보다 비쌉니다. 생산에 손이 더 많이 가니까요. 만약 산업적 식품 생산자들이 환경 오염의 정화, 땅의 재생, 폐기물 관리에 드는 외부 비용을 지불해야 한다면, 유기농뿐만 아니라 우리가 먹을 모든 식품의 비용이 더 커질 것입니다.

우리 중 일부는 더 나은 음식을 위해 더 높은 비용을 감당할 수 있으며 당연히 그럴만한 가치가 있다고 여길 것입니다. 하지만 근근이 먹고 사는 수천만의 사람들이 높아진 식비 때문에 훨씬 더 가난해지지는 않을까요? 이러한 딜레마 때문에 결국 폐기되는 식품을 나눠주는 방식이 매력적으로 보이는 겁니다. 즉각적인 문제를 해결하는 데 도움이 되니까요. 하지만 이런 방식은 모두를 너무 분주하게 만들어서 정말 해야 할 일을 잊게 만듭니다. 가난과 그 원인을 해결하는 하기 위해 정치적인 힘을 조직하는 것 말입니다.

분명 음식 낭비가 보기보다 훨씬 큰 문제라고 생각합니다. 하지만 과잉 생산을 막고 사용되지 않는 것들을 비료로 만들며 낭비 문제를 해결하는 것뿐만 아니라, 애초에 굶주림의 원인이 되는 계층과 사회 불평등을 줄이기 위해 최선을 다할 정책이 필요합니다. 그 역할을 해야 할 이들이 자기 책임을 다하고 있었다면 우리 모두 음식을 지금보다 더 귀하게 여기고 있겠죠.

3

맛있는 음식과
건강한 세계는
연결되어 있다

12

지속 가능한 방식으로
전 세계를 먹여 살릴 수 있을까

더 많은 음식이 필요한 게 아닙니다.
공평하게 분배되는, 더 좋은 음식이 필요한 거죠.

〰〰〰〰   거대 산업형 농장주들은 "세계를
먹여 살린다."라고 자랑스럽게 말하길 좋아하는 것 같
습니다. 예전에는 상상도 할 수 없었던 엄청난 양의 육
류, 가금류, 유제품, 계란, 그리고 콩이나 옥수수와 같
은 환금작물을 생산하고 있으니까요. 이러한 산업화
한 농업 시스템은 어찌 보면 인간의 독창성이 이루어
낸 위업이라고도 할 수 있습니다. 물론 생산량을 유일
한 기준으로 했을 때 말이겠지만요.

하지만 그것이 사실이라고 해도 이들이 세계를 제
대로 먹여 살리고 있을까요? 전 세계적으로 비만이 만
연하고, 식습관 때문에 생긴 질병이 수십억 명의 사람
들의 건강을 위협하며 수명을 단축하고 있습니다. 안
전하고 영양가 있는 식품을 먹지 못해 영양실조로 고
통 받는 사람들도 수십억 명이 넘어요.

공장식 농장이 전 세계인의 건강을 위협하는 원인
이 되고 있다는 비난에서 벗어나, 제 역할을 인정받을
방법은 없을까요? 사람들을 해치는 게 아니라 사람들
을 건강하게 살찌우고 지구를 보호하는 방식으로 운
영되길 바라는 게 너무 순진한 걸까요?

~~~~~ 　　　　　산업적 식품 생산의 문제를 제기

했을 때 그들이 끊임없이 반복해서 대는 이유를 두고

제가 하는 말이 있습니다. 바로 '거창한 변명'입니다.

2050년까지 전 세계에 90억, 100억이 되는 사람들을

먹여 살려야 한다는 대의 때문에 농장주들이 동물들

을 가두고, 근로자들을 가난하고 위험하게 만들며, 항

생제를 무용지물로 만들고, 벌을 중독시켜 '곤충의 종

말insect apocalypse'을 불러오고, 제초제가 유기농 작물을

오염시키게 만들며, 지하의 수자원을 고갈시키고, 물

을 마실 수 없는 수준으로 만들고, 멕시코의 걸프만을

너무 심하게 오염시켜서 물고기가 살 수 없게 되는데

도 괜찮다고 말합니다.

하지만 식품 생산업자들은 자신들의 하는 일을 이

런 식으로 생각하지 않습니다. 저처럼 비판하는 사람

들을 두고 불공평할 뿐만 아니라 농업과 농촌의 현실

에 대해 아무것도 모른다고 불평합니다. 맞는 말일 수

도 있습니다. 하지만 전 농촌에서 기업형 농업이 끼친

영향을 직접 목격했습니다. 토양이 오염되고, 물은 마

실 수 없게 되고, 인구가 줄면서 참담한 결말을 맞이합

니다. 상점, 영화관, 학교 등이 문을 닫고 결국에는 병원도 문을 닫습니다.

저는 2000년대 초반에 산업적 가축 생산 위원회Pew Commission on Industrial Farm Animal Production 일원으로서 우리가 식용 가축을 어떻게 기르는지 직접 볼 기회가 있었습니다. 위원회는 공장식 사육시설이 유발하는 문제를 해결하기 위해 2년 동안 조사하고 권고사항을 개발하기 위한 연구를 했습니다. 그 덕분에 소와 돼지의 공장식 사육시설, 낙농장, 양계장 등을 방문했고, 그중 일부는 친환경적이었어요. 그런 곳들의 시설은 최고를 자랑했습니다. 관리자가 방문을 허락한다는 건 그만큼 자신 있다는 뜻이니까요. 그런데도 우리를 불편하게 만드는 몇 가지가 있었습니다. 알을 낳는 닭의 케이지는 너무 작아서 날개를 펼칠 수 없었고, 육계용 닭들은 다닥다닥 붙어서 '개방 사육'이라는 표현이 무색했습니다. 오수처리용 인공 '연못'에서는 코를 찌르는 듯한 악취가 났어요.

상자 안에 있는 돼지들도 보았습니다. 책에서 이미 읽었는데도 임신한 암돼지들이 겨우 누웠다 일어서는 것밖에 할 수 없을 만큼 좁은 공간에 있는 걸 직접 보니 정말 당혹스러웠습니다. 상자에 두면 암퇘지가 자기 새끼를 깔아뭉개는 걸 막아주긴 하죠. 지속 가능한 육류 생산업자이자 역시 위원회 소속이었던 빌 니먼 Bill Niman은 우리 중 몇 명이 대안적인 방법으로 돼지를 생산하는 농장에 방문하도록 주선해 주었습니다. 그곳에서 암퇘지는 전기 울타리로 둘러싸인 넓고 개방된 공간을 자유롭게 돌아다녔습니다. 진흙에서 뒹굴기도 하면서요. 각각 지붕이 있는 공간도 따로 가지고 있었습니다. 그 돼지들이 자기 새끼를 깔아뭉갰냐고요? 당연히 아닙니다. 이런 방식이 산업적 방식만큼 많은 새끼를 생산하냐고요? 그렇다고 할 순 없겠죠. 하지만 암퇘지는 더 나은 대우를 받고 새끼 돼지들은 잘 자랐습니다. 고기의 질도 더 좋았어요. 물론 더 비싸기도 했습니다. 인정머리 없이 들릴 수도 있지만 비용 문제는 논의에서 절대 **빼놓을** 수 없는 부분입니다.

더 인도적이고 지속 가능한 생산 방식으로 세계를 먹여 살릴 수 있냐는 질문으로 돌아가겠습니다. 제 생각에 '세계를 먹여 살린다'라는 발상은 그럴듯한 허상에 불과한 것 같습니다. 그런 말을 하는 미국 농부들을 보면 기꺼이 잉여 식량을 다른 나라에 팔고 있다고 하는데, 2018년에는 10개국이 미국보다 더 많은 양을 사하라 이남 아프리카에 수출했습니다.

미국에서 생산하는 옥수수의 40%를 전부 에탄올을 만드는 것에 투입되고 있다는 사실도 잊어서는 안 됩니다. 이런 기이한 형태는 자동차와 비행기에 사용되는 연료에 수십억 리터의 에탄올을 사용하도록 2007년에 만든 연료 표준법 때문이에요. 이러한 이유로 에탄올에 대한 수요가 엄청나게 늘어나자 농부들이 훨씬 더 많은 옥수수를 생산하게 하는 강한 동기가 되었습니다. 강수량과 토양이 옥수수를 키우는 데 적합하지 않은 곳에서조차 말이죠. 에탄올 정책은 옥수수를 재배하는 농부들과 에탄올 생산업자를 위한 것이지, 굶주린 사람들을 먹이려는 게 아닙니다. 더 많은 음식이 필요한 게 아닙니다. 현재보다 더 지속 가능한 방식으로 생산되고 공평하게 분배되는, 더 좋은 음식이 필요한 거죠.

우리는 식량이 전 세계 적재적소에 잘 전달되도록 일을 제대로 한 적이 없습니다. 여러 해 전, 한 동료와 저는 소말리아에 대한 미국의 긴급 식량 원조에 관한 사례 연구를 한 적이 있습니다. 식량 원조는 종종 지체되고, 약탈당하거나, 엉뚱한 곳으로 가기도 하고, 공개 시장에서 팔리기도 했습니다. 의도하지 않은 결과들도 있었어요. 사람들이 수입 곡물을 먹는 데 익숙해져서 현지의 식량 생산이 피해를 입었죠. 다행히 시대가 바뀌어서 지금 미국을 비롯한 대부분의 나라들은 식량 기부를 현금으로 대체하고 있습니다.

선진국들이 진심으로 세계를 제대로 먹여 살리고 싶다면, 사람들이 스스로 먹고 살 수 있도록 만드는 데 최선을 다해야 합니다. 그러려면 특히 여성을 대상으로 한 교육, 지속 가능한 농법에 대한 훈련, 도로, 교통, 지역 시장에 대한 투자를 통해 현지의 푸드 시스템을 지원해야 합니다. 그러면 일자리에도 도움이 되겠죠. 정치적 안정도 마찬가지고요. 현실적으로 불가능하겠지만, 전쟁과 전염병이 사라지면 정말 좋겠네요. 이런 것들 중 대부분이 정치적으로 불가능해 보인다는 점은 안타깝다고 생각합니다. 무엇보다 지도층이 부패하고 기업의 이익에 사로잡혀 있는 곳에서 그렇죠.

저는 위의 질문에 누군가가 세계를 먹여 살린다는 발상(그럴듯한 허상)과 농업 시스템의 개혁(정말 필요한 일)이라는 두 개의 구분되는 쟁점이 있다는 생각이 들었습니다. 두 가지를 명확히 분리하면 건강과 환경에 대한 산업적 식품 생산의 외부비용이 드러납니다. 산업형 농업이 가까운 미래에 금방 사라지지는 않겠지만, 소비자와 노동자, 동물과 환경의 건강에 더 좋은 방식으로 이루어질 수 있는지 합리적인 질문은 할 수 있죠.

가능하긴 하겠지만 그렇게 하려면 정부가 움직여야 합니다. 제대로 된 관리가 필요합니다. 제가 위원회 활동을 하면서 가장 먼저 알게 된 사실은 의회가 더 나은 생산 관행을 요구하는 법률을 이미 통과시켰지만 단지 강제하지 않았을 뿐이라는 점입니다. 우리는 이미 존재하는 그 법을 강제하는 것에서 시작해 새로운 단계로 나아갈 수 있어요. 예를 들어 제대로 처리되지 않은 인간의 배설물이 자연으로 배출되는 것을 막고 있지만, 동물의 배설물에는 그렇게 하고 있지 않거든요. 이런 관행은 불법화해야 합니다. 오염을 유발하는 기업은 자신들의 초래한 피해를 보상해야죠. 지속 가능한 농업 방식과 동물 복지, 농장과 도살장의 노동자들을 위한 나은 임금과 작업 환경, 사료나 연료 대신 식량을 재배하도록 만드는 장려책 등을 지원하는 법이 필요합니다.

이런 문제들은 시민 사회에서 강하고 꾸준하게 요구해야만 현실화될 수 있습니다. 사회의 구성원으로서 우리는 더 건강한 푸드 시스템이냐, 저렴한 가격을 유지하는 데 집중하는 푸드 시스템이냐 사이에서 선택해야 해요. 소득과 사회적 불평등이라는 맥락을 무시한 채 건강한 푸드 시스템을 장려하기만 한다면 그건 현실적으로 배부른 소리로 들릴 수 있습니다. 음식에 더 많은 돈을 투자할 수 있는 사람들은 그렇지 못한 취약 계층을 위해 더 강력하고 사려 깊은 안전망을 만드는 동시에 근본이 되는 정치적 원인도 해결하도록 최선을 다해야 합니다.

이런 실천들은 경제적인 딜레마를 야기하기도 합

니다. 현재와 같은 정치적 구도에서 쉽게 해결하긴 힘들어요. 앞으로 전 세계 사람들한테 건강하고 제대로 된 음식을 먹이려면 푸드 시스템에 종사하는 모두가 달려들어 노력해야 합니다.

13

당신이 좋아하는 음식이
만들어지는 방식

당신이 음식을 좋아하고
음식이 만들어지는 방식에 관심이 있다면
자본주의라는 금기어를 두려워하지 말아야 합니다.

～～～　　　　　자본주의자들은 수요와 공급에 기반한 자유시장 체제에 대단한 자부심을 가지고 칭찬하죠. 하지만 저는 '리얼리티' 프로그램이 완벽하게 리얼한 것은 아니듯, 우리의 '자유'시장도 완벽하게 자유로운 것은 아니라고 생각합니다.

농무부가 환금작물 생산을 우선시하며, 특수 작물이라 부르는 건강한 채소와 과일을 희생시키는 예를 들 수 있습니다. 그러는 동시에 건강을 위해 특수 작물을 많이 먹어야 한다고 말하죠. 이런 우리의 정책들은 농업 거물들의 이익을 대변하는 로비스트들이 만들고 있다고 해도 과언이 아닙니다.

이처럼 사실은 자유롭지 않은 시장의 숨겨진 비용의 실체는 점점 뚜렷해지고 있죠. 그런데도 우리는 이런 농업 방식을 개발도상국들에 밀어붙이기로 한 듯 보입니다. 개발도상국에서는 자원이 제한되어 있어서 안정적인 사회를 유지하는 데 필수적인 안전한 식량 공급이 힘듭니다. 그럼에도 왜 이런 방식을 고수하는 걸까요?

～～～～～ 　　　　　짧게 답하자면, 성장을 계속해야
하기 때문입니다. 기업형 농업과 식품 산업은 '성장'이
라고 부르는 시장 확장을 계속해야 하기 때문입니다.
금융가는 공개적으로 거래되는 작물의 주주가치와 수
익을 극대화하도록 만듭니다. 그래서 식품 회사들의
존재 가치는 단 하나로 귀결되죠. 바로 상품 판매입니
다. 계속해서 팽창하는 우주처럼, 이익도 계속 확대돼
야 하는 겁니다.

　당신도 건강하고 제대로 된 음식을 먹을 권리가 있
다고 주장하는 유엔의 입장에 동의할 겁니다. 하지만
그건 아쉽게도 자본주의의 자유시장이 추구하는 바가
아닙니다. 자본주의는 생존에 필수적인 물질을 거래
를 위한 상품으로 만들어버립니다.

　제가 느끼기에 자본주의의 문제점은 입에 담으면
안 되는 금기어가 된 것 같아요. 대부분의 사람들은 정
치를 언급해야 하는 문제는 별로 좋아하지 않죠. 식품
이 생산되고 팔리고 소비되는 방식을 관리하는 권력
은 말할 것도 없고요. 하지만 식품은 정치적인 문제인
걸요. 그것도 상당히 말입니다. 식품에 관심이 있다면

정치적인 문제를 체크하고 신경 써야죠. 그래야 지속할 수 있고 낭비를 줄이는, 몸과 마음에 더 건강한 푸드 시스템을 만들어 나갈 수 있습니다.

당신이 음식을 좋아하고 음식이 만들어지는 방식에 관심이 있다면 자본주의라는 금기어를 두려워하지 말아야 합니다. 자본주의가 잘하고 있는 부분과 잘못하고 있는 부분을 모두 알아야죠. 자본주의는 굶주림, 만성 질병, 환경 파괴와 같은 현상을 설명할 수 있을 뿐만 아니라 그 원인을 이해하는 데 좋은 출발점이 될 수 있습니다. 당신이 하는 크고 작은 식품 운동이 영향력을 가지려면 맞서는 대상을 제대로 알아야 합니다.

돈의 흐름을 따라가면 현재 시스템과 관련된 기본적인 질문을 이해하는 데 도움이 됩니다. 그토록 많은 사람이 가난해서 음식을 살 수 없는 이유가 뭘까요? 가난한 사람들 중에 살찌고 만성 질환을 앓는 이들이 많은 이유는요? 신선한 과일과 채소는 울트라 가공식품 같은 정크 푸드에 비해 왜 그렇게 비쌀까요? 젊은 농부들이 감당하기에 땅값이 너무 비싼 거 아닌가요? 농장과 식당에서 일하는 사람들이 제대로 된 임금을 받지 못하는 이유는요? 축산업 노동자의 처우는 왜 그 모양인가요? 어떻게 해서 우리 생존에 필수적인 물과 음식이 이윤을 위한 거래용 환금작물로 바뀌었을까요?

우리는 푸드 시스템의 풍요로움을 누리며 자유시장 이데올로기 또는 신자유주의라 불리는 자본주의적 가치가 세상을 지배하도록 내버려 둡니다. 어떤 결과를 초래하든 상관없어요. 자본주의적 가치는 다음과 같이 쉽게 요약됩니다. 가능한 전부를 상품화한다. 노동력과 생산비용은 줄인다. 이윤을 극대화한다. 이윤을 위협하는 모든 것에는 가혹하고요. 자본주의 푸드 시스템은 최소한의 비용을 들여 저렴한 식품을 과잉생산하는데, 그 결과는 참담합니다.

이 또한 쉽게 요약할 수 있습니다. 건강이 나빠지고, 중소 규모의 가족 농장이 사라지며, 농업 사회의 인구 감소, 도시 쏠림 현상이 나타납니다. 농장, 도살장, 식당 노동자들의 임금은 낮고 작업환경은 형편없죠. 경제적 불평등이 계속 심화되고 환경오염도 점점 심각해집니다.

식품 자본주의는 늘 세계적인 현상이었고 앞으로도 계속 그럴 겁니다. 저소득층 국가의 사람들이 가난을 지긋지긋하게 여기는 게 너무 당연합니다. 미국과 유럽을 부러워하며 유명한 식품 회사들을 번영의 상징으로 바라보기도 합니다. 식품 회사는 이런 시각을 더 부추기기 위해 아프리카, 아시아, 라틴아메리카에 막대한 돈을 투자하고, 종종 현지의 푸드 시스템을 망치기까지 합니다. 저는 코카콜라가 미얀마에 진출한 것에 관해 쓴 적이 있습니다. 이전까지 미얀마에서는 당이 첨가된 탄산음료가 판매된 적이 없었어요. 심장병과 제2형 당뇨는 자본주의 외부 비용인 거죠.

또 다른 예로, 멕시코에서 볼 수 있는 북미자유무역협정인 나프타NAFTA의 영향을 들 수 있습니다. 멕시코는 식품을 자급자족하고 잉여생산물을 수출하곤 했습니다. 하지만 협정으로 인해 보조금을 받아 과잉 생산되어 값이 싼 미국의 수입품을 받아들일 수밖에 없었죠. 결국, 멕시코의 소규모 농장에서 기른 옥수수의 가치는 떨어지고, 농부들은 어쩔 수 없이 땅을 버리고 도시로 이주해야 했습니다. 유서 깊은 전통 식단은 파괴되고, 대부분 가격이 더 저렴하고 광고를 많이 하는 제품들로 대체됐습니다. 그러자 만성 질병이 늘어나는 현상은 불 보듯 뻔한 일이었죠.

이 글을 쓰고 있는 시점에도 멕시코 어린이의 10%가 여전히 영양실조로 고통 받고 있으며 성인의 70%는 과체중이거나 비만으로, 이는 거의 전 세계 최고 수준이라고 할 수 있습니다. 제2형 당뇨는 너무 흔합니다. 멕시코 성인의 15% 정도가 앓고 있는데, 심장 마비 다음으로 많은 사람이 사망하는 원인입니다. 멕시코는 이제 가축 사료나 울트라 가공식품을 만들 때 쓰는 옥수수와 대두의 순 식품 수입국이 됐습니다. 기가 막힌 모순이 뭔지 아세요? 현재 멕시코는 토마토, 피망, 아보카도를 포함해 과일과 채소처럼 건강한 식품을 널리 수출하고 있습니다. 멕시코 국민 대부분은 너무 비싸서 사 먹지 못하는 식품들이죠. 이것 역시 인간을 위한 어떤 가치보다도 이윤을 우선시 하는 경제 체제가 보여주는 당연한 결과입니다.

물론 이윤을 추구하고 투자자들에게 배당금을 지급하는 건 기업의 당연한 권리입니다. 하지만 고삐 풀린 자본주의 관행에 아무런 제재도 가할 수 없는 걸까요? 더 건강한 식품을 선택하고 환경 파괴를 막기 위해서 말이죠. 저는 우리가 하나의 공동체로서 기업에 더 높은 임금, 더 나은 작업 환경, 안전 수칙 준수, 질 좋은 상품, 지속 가능한 공급 과정 등을 요구할 권리가 있다고 생각합니다. 우리가 제품을 구매한 덕분에 기업이 이윤을 내는 거니까요.

이것이 지나친 요구가 아니라는 생각이 기업들에게도 조금씩 받아들여지고 있는 것 같습니다. 2019년, 200군데 가까이 되는 비즈니스라운드테이블Business Roundtable*의 회원들이 사회적 가치를 그들의 사명으로 받아들이는 서약서에 서명했습니다. 세계경제포럼 역시 기업들이 모든 이해 당사자들을 위해 다양성을 존중하고, 작업 환경을 개선하며, 그들의 공급망 전체에 걸쳐 인권을 존중하기로 하는 성명을 발표했죠.

코로나 19가 한창일 때 벌어진 노동자 해고를 보면 이런 선언이 홍보 활동에 지나지 않는다는 생각이 들

* 미국의 200대 대기업 협의체이자 이익 단체이다.

기도 해요. 그래도 일부 식품 회사들을 포함한 기업들이 자유시장 이데올로기에 맞서는 세력이 힘을 얻고 있는 상황을 인지하고, 계속해서 이익을 내려면 이를 심각하게 받아들여야 한다고 판단한다는 사실은 분명해 보입니다.

더 나은 푸드 시스템을 원하는 우리의 도전 과제는 그들의 약속과 실천에 책임을 묻는 것입니다. 시스템을 바꾸는 것은 훨씬 더 큰 도전이에요. 기업이 사회적 가치를 우선하고 그에 따라 행동하게 만드는 법을 통과시키는 방법도 있고요. 우리가 건강과 지속 가능성을 장려하는 푸드 시스템을 원한다면 이런 것들을 진지하게 고려해야 합니다.

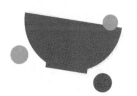

14

우리가 먹는 것들과
기후 변화의 상관관계

기후 변화는 세계적 문제니까요.

어디에 살든 모두가 참여해야 합니다.

〜〜〜〜　　　　　식량 생산 과정과 기후 변화는 서로 얽혀 있어서 따로 떼어놓고 이야기할 수 없습니다. 음식을 어떻게 생산하고, 운송하며, 어디서 사고 무엇을 살지, 그리고 먹지 않는 음식은 어떻게 버릴지의 문제는 어떻게든 전부 기후 변화에 영향을 주고 있습니다.

식량과 기후의 관계는 농작물 생산 과정에 놀랄 만큼 다양한 골칫거리를 안겨줍니다. 농부들은 언제나 자연 앞에서 속수무책이었지만 최근 '뉴노멀'이 된 극단적인 기후 조건 때문에 전례 없는 고난을 겪고 있습니다.

가뭄, 홍수, 화재, 허리케인, 토네이도 등은 더 극심해지고, 녹조 현상, 밀물과 지하수의 상승, 작물을 죽게 만드는 병충해와 질병의 발생, 이 밖에도 우리 생존에 필수적인 농작물 재배를 더 어렵게 만드는 다양한 형태의 환경 파괴가 나타나고 있습니다. 이런 악순환의 고리를 끊을 수 없을까요?

기후 변화는 지구상 모두에게 피부에 와닿는 문제입니다. 저는 일단 더운 날씨에 맥을 못 추거든요. 앞의 질문을 고민하던 2019년 7월은 기록적으로 가장 더운 달이었습니다. 저한테는 더위를 가늠하는 두 가지 방법이 있습니다. 2016년 11월, 저는 공공도서관에서 하는 강연 때문에 미국에서 가장 북쪽에 있는 알래스카의 배로우Barrow시(현재 지역 언어인 이누이트어 이름 우트키아빅으로 지명이 변경되었다)에 간 적이 있습니다. 그곳에 머무는 동안 마을 외곽에 있는 해양 대기 관리처NOAA의 관측소도 방문했는데요. 그곳 소장님이 작별 선물로 공기가 든 병을 주셨어요. 이산화탄소를 측정하려고 막 채취한 거였죠. 그런데 측정 수치가 405ppm인 것을 보고 충격을 받았습니다. 저는 350ppm이 안전 기후의 상한선이고, 400이 넘으면 돌이킬 수 없다고 알고 있었기 때문입니다. 그러다 2020년이 되자 420이 넘었는데, 이산화탄소 수준이 그 정도로 높았던 때는 300만 년 전이었습니다. 그때 해수면은 지금보다 15에서 25m 더 높았습니다.

맨해튼에 있는 제 아파트 테라스의 화분을 통해서

도 기후 변화의 여파를 느낄 수 있어요. 1990년에 이사해서 지금까지 살고 있는데, 그 지역은 미국 농무부가 지정한 내한성 구역plant-hardiness zone지도 상에서 6b*에 해당하는 곳이었습니다. 2012년 미국 농무부는 구역 지도를 개정했는데, 이제는 겨울 기온이 평균 5도가 더 높아진 7b 구역(영하12.2도에서 영하15도 사이)이 되어 버렸죠. 집을 옮긴 것도 아닌데 말이에요. 애써 긍정적인 면을 찾자면 로즈마리 화분이 겨울에도 살아남고, 무화과 키우기에도 도전해볼 수 있겠다는 점이겠네요.

저는 기후 변화라고 하면, 푸드 시스템과 두 가지 개별적인 사안과의 연관성이 떠오릅니다. 기후가 농업에 미치는 영향과 농업이 기후에 미치는 영향인데요. 기후가 농업에 미치는 영향은 쉽게 떠올릴 수 있어요. 당장 2019년에 벌어진 일을 볼까요. 미국의 경우

---

*   내한성 구역이란 식물을 기르는 데 참고할 수 있도록 북미 각 지역의 겨울 최저 기온 기록한 지도다. 섭씨 영하 45도 이하인 1구역부터 영상 4.4도 이상인 11구역까지 총 11개 구역으로 나뉘는데, 6b는 섭씨 영하 20.6도에서 영하 17.8도사이에 해당한다.

중심부에 있는 많은 지역에서 옥수수를 심을 수 없어요. 예전 같으면 심을 수 있었겠지만, 녹은 눈과 봄철 호우 때문에 들판이 물에 잠겼기 때문입니다. 홍수가 범람해 미시시피강 하류 델타Delta 지역의 숲과 농경지 20만㎡가 물에 잠기기도 했습니다. 농경지를 북쪽으로 옮기는 것도 가능하고 메이플 시럽 생산은 벌써 그렇게 해야 하는 상황이지만 북쪽 역시 극단적인 날씨 때문에 고전을 면치 못하고 있지요.

이산화탄소가 높은 조건에서 식물을 기른 연구 결과가 아주 우려스럽습니다. 채소들이 만들어내는 비타민 B의 수준이 낮아지고, 콩이 만들어내는 단백질 함유량도 적어졌다고 합니다. 쌀은 둘 다 줄어들었고요. 비타민과 단백질은 식물 스스로 합성하지만, 이산화탄소 수준이 높으면 쌀이 함유하는 아연과 철 같은 무기질의 수준이 낮아지는데요. 이것은 식물이 토양으로부터 충분한 미네랄을 흡수하지 못하고 있다는 사실을 보여줍니다.

당신은 이런 연구들이 사람들에게 경각심을 주었을 거라고 생각하겠지만, 오늘날 정치 상황에서는 그렇지 못합니다. 심지어 이런 연구를 한 미국 농무부 소속 과학자 한 사람은 기관으로부터 사퇴 압박을 느꼈다고 합니다. 연구 자체에 이의를 제기하며 언론에 기사를 내지 못하게 막았을 뿐만 아니라 연구에 대한 공개적인 논의조차 허락하지 않았으니까요.

탄소 배출량이 돌이킬 수 없는 지점을 지났다면, 더 심각해지는 걸 막을 수는 없을까요? 이를 위해 우리는 산업형 농업이 기후에 어떤 영향을 주는지 살펴봐야 하는데, 그것들은 과학자 아니면 눈에 거의 보이지 않는 것들입니다. 농업으로 인한 온실가스 배출 비율의 추정치를 모아 보니 정말 흥미롭더군요. 전체 배출량에서 차지하는 비율이 5%에서 35% 사이에 있었고, 운송, 냉장, 농약 생산 등에 드는 환경적 비용까지 포함하면 50%에 달할 때도 있었습니다.

저는 추정치의 차이가 어디서 오는지 짐작할 수 있어요. 기후 변화를 부인하는 쪽은 추정치를 낮게 잡고, 나머지는 모두 높게 잡습니다. 미국 환경보호청은 농업이 미국 온실가스 배출량의 9%를 차지한다고 말합니다. 하지만 훨씬 더 보수적인 세계 은행World Bank

은 전 세계 기준으로 농업은 25%의 책임이 있고, 그중 10%는 콩을 재배하려고 아마존의 열대우림을 파괴하는 것과 같이 토지와 숲에서 벌이는 일들 때문이라고 합니다. 나머지 15% 중 절반은 반추 동물인 육우와 젖소에서 나오는데요. 소는 트림을 통해 배출하는 '장내 발효 가스'인 메탄뿐만 아니라, 배설물과 거름 관리에서도 발생하죠. 남은 절반은 비료, 전력 사용, 쌀을 생산할 때 나오는 메탄가스 때문입니다.

이 마지막이 절 놀라게 했는데요. 쌀 생산이 그토록 기후에 안 좋은 영향을 끼치는지 몰랐거든요. 쌀은 보통 잡초를 통제하기 위해 물에 잠긴 논에서 기릅니다. 이때 박테리아가 메탄과 아산화질소를 만들게 됩니다. 이 두 가지가 이산화탄소보다 지구온난화에 훨씬 더 안 좋은 영향을 끼친다고 합니다.

이런 지식을 이용해 재생 가능한 농업 방식을 장려하고 널리 퍼뜨려야 합니다. 재생 가능한 방식이란 탄소를 흙 속에 붙잡아 가두고 지구온난화를 되돌리는 것을 목표로 토양의 영양분을 재충전하고, 생물학적 다양성을 촉진하며, 물을 보호하는 방식을 말합니다.

저는 이것이 유기농법이 원래 지향하고, '지속 가능성' 과 '농업생태학' 같은 용어가 뜻하는 바와 매우 유사하 다고 생각해요. 종합하면, 토양 자원을 보호하고 사용 한 만큼 되돌려 놓는 것이죠.

정부가 재생 가능한 농업 방식을 지원하도록 만들 려면 오늘날 정치 환경에서는 상상하기 힘든 행동들 이 필요하죠. 이런 것들을 시작하기 위해 국제 협약이 필요한 것입니다. 숲과 정글을 보호하고, 탄소를 가두 는 나무를 가능하면 많이 심어야 합니다. 반추 동물의 수를 줄이고, 다른 방식으로 쌀을 재배해야죠. 그 과정 에 관여하는 모두가 안전하고 공정한 대가를 받아야 합니다.

이 모든 것에는 함부로 말하기 힘든 한 가지가 빠 져 있습니다. 바로 인구 성장의 감소로 얻을 수 있는 이익입니다. 매우 정치적일 수 있는 부분이죠. 하지만 많은 나라에서 이루어지고 있는 종교와 도덕적 신념 에 반하는 산아 제한의 시행이나 가족계획을 위해 때 때로 여자아이의 수를 줄이려는 시도는 도움이 되지 않습니다. 인구 조절은 우리와 그들이라는 대립 구도를 만들어내기도 합니다. 그들은 산아를 제한해야 하지만, 우리는 아니라는 거죠. 이것 역시 정치에 관한 문제입니다. 그런데 수입이 늘어나고, 경제가 경제와 사회의 규모가 커지고, 성 평등의식이 높아지면 아이를 적게 가지는 경향이 있습니다. 이런 것을 보면 불평등을 줄이는 방법이 먹여 살릴 입을 줄이는 가장 인간적인 방법처럼 보이네요.

기후 변화를 위한 활동에는 개인의 이익보다 지구 전체의 이익을 우선해서 사회의 선을 위한 결정을 내리는 희생이 필요합니다. 많은 정부가 논의조차 꺼리는 것들이죠. 그래서 기후 변화가 심각해지지 않도록 막는 일을 시민 사회가 떠맡고 있는 겁니다. 그렇다면 정부가 대응하지 않을 수 없도록 하려면 시민들이 어떻게 행동해야 할지 궁금할 겁니다. 2019년, 80개 국가에서 기후변화를 위해 정부의 행동을 요구하는 시위가 벌어졌습니다. 빨라지는 사막화, 재앙적인 기후, 식량 부족과 그에 따른 대규모 이주와 갈등을 눈앞에 둔 젊은 층이 그 시위를 주도했었죠. 이런 시위는 분명 언젠가 효과를 보겠지만, 그 대응이 빠르면 빠를수록 좋겠다고 생각합니다.

우리 정부가 국제기후변화협약에 참여하지 않는다면 우리 역시 이 문제에 있어서 도덕적으로 떳떳할 수 없습니다. 기후 변화는 세계적 문제니까요. 어디에 살든 모두가 참여해야 합니다. 그렇게 만들 수 있는 쉬운 방법이 있으면 정말 좋겠습니다.

15

3D 기계가
쿠키와 피자를 만든다면

굶주림, 만성질환, 지구온난화 등은 기술적인 문제가 아니라
사회적이고, 경제적이고, 정치적인 문제입니다.

〜〜〜〜   '농업혁신가Agropreneur'들은 식량
의 생산 과정이 회복력을 더 갖추도록 만드는 데 엄청
난 자원을 쏟아붓고 있습니다. 과일과 채소를 수확할
수 있는 로봇이요? 당연한 결과죠. 자율주행 자동차와
마찬가지예요. 꽃가루를 뿌리는 드론은요? 이건 이미
캘리포니아와 뉴욕을 포함한 미국 여러 지역의 과일
과 견과류 농장에서 시범적으로 사용되고 있어요.

앞서 제가 실험실의 배양 세포로 만든 대체육에 관
해 이야기했었죠. 이런 '세포 농업cellular agriculture'에는
이제 벌레도 포함됩니다. 최근 「식량의 원천으로서
조작된 곤충 조직의 가능성Possibilities for Engineered Insect
Tissue as a Food Source」이라는 제목의 논문 하나가 나왔는
데, 입맛이 도는 제목은 아니죠.

수년 사이 실내 수직 농장도 늘어나고 있습니다만,
새롭기로 치면 로테르담의 수상 목장floating dairy farm을
이길 수 없죠. 허리케인에 버틸 수 있도록 설계된 그곳
은 대략 40마리의 소를 수용할 수 있는데, 배설물을 처
리하고 젖을 짤 수 있는 로봇까지 갖추고 있습니다. 이
게 꽤 부자연스럽게 들리겠지만, 현재 낙농업이 보여

주는 모습도 부자연스럽기는 마찬가지 아닌가요?

어쨌든 제가 이상한 건지, 아니면 관련 업체들이 하나같이 디스토피아적 취향인 건지 모르겠다니까요.

~~~~ 기술 주도적 푸드 시스템 말이군요. 일단 저한테 떠오르는 건 '소일렌트soylent'입니다. 대체육을 가리키는 말로, 1973년에 나온 디스토피아 영화 〈소일렌트 그린Soylent Green〉에 등장했죠. 이 영화가 예언하는 미래는 끔찍해요. 인구가 억제되지 못하고 환경이 파괴되어 부자들만이 신선하고 깨끗한 음식을 먹을 수 있는 상황을 그리고 있습니다. 나머지는 모두 소일렌트 그린이라는 과자를 먹고 살 수밖에 없고요. 이건 스포일러인데, 사실 그 과자의 재료는 인간의 신체입니다. 그러니까 소일렌트는 결국 인간인 거죠! 정말 끔찍한 악몽 같은데요. 영화가 극단적이긴 해도 지금 우리가 가는 방향도 비슷합니다.

미식가인 제가 기술적인 문제에 부딪히는 셈인데, 사실 저는 '테크노 푸드'라고 부르는 최첨단 식품 기술에는 별 감흥을 못 느끼지 못합니다. 말씀드렸다시피 저는 인간이 먹도록 진화하지 않은 인공적인 성분이 들어간 식품은 피하는 걸 원칙으로 합니다. 하지만 최근 테크노 푸드에 엄청나게 많은 돈이 투자될 뿐만 아니라, 식물성 대체 식품의 인기를 통해서도 알 수 있듯이 정말 많은 사람들이 관심을 가지고 있죠. 그래서 저도 열린 자세로 받아들이려고 노력하는 중입니다.

우선 할 수 있는 한 모든 식품 기술 박람회를 방문하고 강연할 기회를 받아들이고 있어요. 재밌어요. 3D 기계가 쿠키와 피자를 만드는 모습은 정말 신기하거든요. 실내에서 샐러드 채소를 기르는 것과 같이 더 높은 목표를 가진 출품업체들도 있어요. 저는 좀 회의적이었는데, 트럭에서 수경재배한 채소 맛이 밍밍하다는 사실을 알고 나서는 그런 생각이 더 굳어졌었습니다. 요리사들 요구에 맞춰 설계됐다고 하던데, 저는 솔직히 말하자면 그런 식당은 가고 싶지 않네요.

그러다 나중에 뉴저지에 있는 에어로팜^AeroFarms 공장을 방문한 적이 있습니다. 비행기 격납고만 한 크기의 그 공장은 천장 높이까지 가득 찬 선반에 불을 밝히고 작은 식물들을 재배하고 있습니다. 저는 에어로팜이 내세우는 "환경에 미치는 영향과 위험을 최소화하면서 새로운 수준의 정확성과 생산성을 제공하는 실내 수직 농업"이라는 표현이 살짝 신경이 쓰였습니다. 정확성과 생산성의 부분은 분명합니다. 식물의 영양 성분의 수치를 측정하는데, 전통적인 방식으로 생산하는 것과 같거나 더 나은 수준이거든요. 하지만 환경에 미치는 영향은 상대적이에요. 공장은 태양보다 많은 양의 전기 에너지를 사용하죠.

하지만 거기서 기른 채소 맛을 보니, 이런 방식을 진지하게 받아들여야 할 수도 있다는 생각이 들었습니다. 풍미가 뚜렷하고 신선하더군요. 이러한 공장은 경쟁업체들과 동등한 가격으로, 동네 상점으로 채소를 빠르게 공급합니다. 저는 『무엇을 먹을 것인가What To Eat』를 쓰기 위해 자료를 조사할 때 캘리포니아에서 재배된 채소가 제가 사는 뉴욕시의 슈퍼마켓에 도착할 때까지 2주나 걸린다는 사실을 알게 되었습니다. 이런 맛과 신선도라면 에어로팜의 채소들이 지금의 방식보다 나은 선택이 될 수 있어요. 제 직업상, 어쩔 수 없이 의심해야 하는 부분도 남아 있지만요. 그래도 실내 농업에 대해서는 덜 회의적인 편입니다.

저는 식품 기술과 관련해서 더 중요한 질문을 하나 던지고 싶습니다. 건강하고 환경을 파괴하지 않는 푸드 시스템을 만드는 데 식품 기술이 어떤 역할을 할 수 있는가, 입니다. 저는 과학 기술로 지구온난화를 해결하려는 계획을 꾸준히 관심 있게 지켜보고 있습니다. 태양 빛을 우주로 반사한다든지, 대기 중의 이산화탄소를 빨아들이거나, 이산화탄소를 먹는 생체공학적 대장균을 만드는 기술 등이 있죠. 하지만 의도하지 않은 결과에 대한 우려는 말한 것도 없고, 이러한 방법들이 정말 효과가 있는지 제대로 평가할 방법이 아직은 없습니다.

굶주림, 만성질환, 지구온난화 등은 기술적인 문제가 아니라 사회적이고, 경제적이고, 정치적인 문제입니다. 그러니 당연히 사회적, 경제적, 정치적인 해법이 필요하죠. 이런 문제는 사회가 돌아가는 방식에 그 뿌리를 두고 있는데, 우리한테는 문제를 해결하려는 정치적 의지가 부족합니다. 기술적인 접근은 그 자체로 매우 흥미롭고 잠재적으로 유용하긴 합니다만, 문제의 책임이 있는 식품 기업과 정부, 시민 사회가 지금 당장 문제를 해결하지 못하게 주의를 끌죠. 먼 미래의 유익한 기술 분야에 자원이 집중되고 투자가 이루어지면 당장 탄소를 격리할 수 있는 재생 가능한 농업과 소규모 농업에서는 멀어지게 되는 겁니다.

유전자 조작 식품을 생각해보세요. 식품의약국이 이 기술을 승인하게 한 가장 강력한 도덕적 근거는 유전자 조작 식품이 식량 생산량을 늘려서 굶주림을 없앤다는 것이었습니다. 유전자 조작 식품은 가혹한 기후, 척박한 토양, 부족한 수자원 등의 조건을 견딜 수 있도록 만들어졌기 때문에 소득이 낮은 국가들에 도움이 된다면서요. 오늘날 산업형 농업이 이루어지는 어디서든 유전자 조작 식품 옥수수와 콩이 자랍니다. 하지만 주로 동물 사료나 자동차 연료에 사용되고 거대 농업 기업의 이익을 위해 사용됩니다. 가난한 사람들을 먹여 살리는 역할은 별로 하고 있지 못하죠.

저는 유전자 조작 식품 기술이 세계의 식량 수요를

해결하는 데 실패한 이유를 크게 두 가지로 봅니다. 첫 번째는 돈입니다. 저소득 국가의 소규모 농장주들은 유전자 조작 종자를 감당할 자금이 없죠. 생명공학 회사들을 움직이려면 돈이 필요하니까요. 두 번째는 과학입니다. 이런 종류의 연구에는 기술적 문제들이 많이 발생하거든요.

저는 『안전한 식품Safe Food』에서 식품 생명 공학의 편익을 상징하는 황금쌀Golden Rice을 언급했습니다. 생명공학을 통해 조작된 이 쌀은 비타민 A로 전환되는 베타카로틴을 많이 함유하고 있습니다. 비타민 A의 부족은 저소득 국가에서 사람들이 시력을 잃게 만드는 주요 원인입니다. 황금쌀은 모두가 먹는 음식에 베타카로틴을 넣자는 발상에서 시작됐습니다. 이론적으로는 그럴듯하죠. 하지만 실제로는 어땠을까요? 저는 『안전한 식품』에 황금쌀이 공학적으로 조작되어 재배된 다음 시장에 나올 때까지 단계들을 나열했습니다. 2003년에 처음 책이 나왔지만, 2020년이 될 때까지 이 쌀은 구매할 수 없습니다. 대부분 공학적 단계와

현장 생산 단계에서 발생한 기술적인 문제 때문이었죠.

물론 장기적으로 황금쌀이 도움이 될 수도 있겠지만, 저는 여전히 회의적입니다. 베타카로틴이 풍부한 과일과 채소가 잘 자라는 지역에도 비타민 A가 부족한 사람들이 많습니다. 사람들이 그것을 기르거나 소비할 방법이 없거나 문화적인 이유로 먹지 않을 가능성도 있습니다. 장내 기생충이 너무 많아서 베타카로틴을 흡수할 수 없는 것일 수도 있고요. 이런 문제를 해결하려면 기술이 먼저가 아니라 문화, 사회, 경제, 그리고 의료적 개입이 필요합니다.

식품의 생산과 공급, 그리고 소비의 관행이 낭비 없이, 더 건강하고 지속 가능한 방식으로 이루어지고, 모두가 잘 먹고 잘살 수 있을 만큼의 경제적 여유를 위해 우리한테 가장 먼저 필요한 것은 기술이 아닙니다. 푸드 시스템의 문제를 해결하는 열쇠가 기술이라고 생각한다면 미래는 정말 디스토피아일 겁니다. 저는 그게 두렵습니다. 그래요, 기술은 나름의 쓸모가 있습니다. 하지만 훨씬 더 많은 사람에게 이익이 되는 푸드 시스템을 만들려면, 건강하지 못하고 지속할 수 없는 방식으로 생산하는 기업 관행에 반대하고, 정부가 제 역할을 다하도록 요구해야 합니다. 정부는 실제로 많은 일을 할 수 있거든요. 시스템을 수정해야 합니다. 기술이 아니라요.

지속가능발전목표는
정말 지속 가능한 것일까

큰소리로 외칩시다!

직장과 정부에 인류와 지구를 구하는

계획에 동참하라고 요구하세요.

~~~~~ 매리언이 앞서 국제적 계획으로

서 지속가능발전목표SDGs:Sustainable Development Goals라

는 것을 소개해 줬는데, 사실 저는 들어본 적이 없습니

다. 분명 유엔총회United Nations General Assembly로서는 실

망스러운 상황일 거예요.

2015년, 유엔총회는 세계적인 문제를 해결하기 위

해 17개의 목표를 정했습니다. 거기에는 가난과 기아

를 없애기, 불평등을 줄이기, 건강을 장려하기, 책임

있는 소비를 옹호하기, 그리고 평화, 정의, 좋은 일자

리, 경제 성장 지원하기 등이 포함돼 있고요. 당초 계

획은 2030년까지 이런 목표들을 달성하는 것이었죠.

매리언이 보기에 유엔이 세운 지속가능발전목표가

우리 푸드 시스템을 얼마나 바꿀 수 있다고 보세요?

사람들이 이 거창한 세계적 의제를 받아들이는 게 상

상이 되나요?

확실히 거창하긴 합니다. 제가 얻은 지속가능발전목표 배지들이 몇 개 있는데요. 대중을 상대로 강연을 할 때 저는 그중 하나를 달곤 합니다. 각 목표를 상징하는 다양한 색깔로 이루어진 도넛 모양도 있고, 유엔의 국제식량농업기구FAO의 로고가 그려진 비슷한 원형, 'Zero Hunger(기아 종식)'라고 적힌 사각형, 그리고 이걸 스페인어로 번역해서 #HambreCero라고 적힌 것도 있죠. 기아 종식은 지속가능발전목표 중 두 번째 목표입니다. 국제식량농업기구의 첫 번째 실천 목표이기도 하죠.

저는 대부분의 사람들이 지속가능발전목표를 별로 못 들어본 이유를 알 것 같습니다. 일단 목표가 너무 많죠. 17개나 되는 데다가, 각각에는 하위 목표들도 있습니다. 그리고 정부의 정책은 대부분 우리가 일상에서 쉽게 알아차리지 못하는 방식에 머물러 있습니다.

저는 이걸 보면 '미국의 건강한 사람들 계획U.S. Healthy People initiative'이 떠올라요. 1980년대 후반에 그걸 개발한 정부 기관에서 제가 일했던 적이 있습니다. 그 계획은 1970년에 시작해서 오늘날까지 계속되고 있습니다. 이 계획도 무수히 많은 정부와 민간 기관이 개입해서 엄청난 노력을 쏟아야 하는 계획이죠. 다른 점은 건강한 사람들 계획의 경우 건강 문제에만 초점을 맞춰서 구체적이고 측정 가능한 10개년 목표를 세운다는 점입니다. 예를 들어 2020년 목표 중 하나는 2008년에 14.6%였던 미국 사람들 사이의 식량 불안과 굶주림을 2030년까지 6%로 낮추는 것입니다. 목표는 칭찬할 만한데, 누가 책임을 지고 어떻게 달성할 것인지가 분명하지 않습니다.

지속가능발전목표 역시 비슷하게 책임 소재와 구체적 방법이 빠져 있다는 문제가 있습니다. 이것은 정말 넓은 영역을 포괄하고 있습니다. 어느 목표도 식량이나 식량 시스템을 전면에 표어로 내세우는 경우가 없어요. 그나마 '기아 종식'이 가장 가까운데, 부수적 설명으로 "식량 안정, 향상된 영양 공급을 달성하고, 지속 가능한 농업을 장려한다."라고 적혀 있죠. 세부 목표들을 전부 잘 살펴봐야 식량과 영양 공급 문제를 포함하고 있다는 사실을 알 수 있습니다. 제가 앞에서 언급한 것처럼 세부 목표는 식량의 낭비를 반으로 줄이는 것입니다.*

지속가능발전목표에는 주목해야 할 몇몇 아쉬운 점들이 있습니다. 예를 들면 비만의 폐해를 줄이는 문제는 거의 언급하지 않는다는 것입니다. 2030년까지 "모든 형태의 영양 결핍을 없앤다"는 세부 목표에는 식량 낭비와 비만 모두에 있어서 만연하는 영양 결핍을 측정하는 지표가 딸려 있습니다. 하지만 비만은 어른이나 아이 할 것 없이 20억 명에 가까운 사람들에게 영향을 미칩니다. 제2형 당뇨, 관상 동맥성 심장 질환, 그리고 개발 공동체가 통칭 비전달성 질병NCDs이라고 부르는 상태를 만드는 주요 위험 요소죠. 이런 문제들은 "2030년까지 예방 및 치료를 통하여 비전염성 질병으로 인한 사망을 3분의 1 감축하고 정신건강 및 복리를 증진한다."는 세부 목표에서만 찾아볼 수 있습니다.

식량과 영양 문제가 구체적으로 지속가능발전목표 어디에 들어가 있는지 알아내려면 노력이 필요합니다. 영양학자들은 영양 문제가 어떤 방식으로든 17

* 환경부 홈페이지에도 UN지속가능발전목표 원문이 올라와 있다.

개 목표 전체에 산재한 필수적인 문제라고 주장합니다. 적절하게 영양 공급을 받지 못하면 사람들은 기능할 수 없으니까요. 하지만 저는 명시적인 진술이 빠져 있는 점이 유감스럽습니다.

푸드 시스템을 위한 세부 목표들도 여기저기 흩어져 있어서 잘 찾아봐야 합니다. 살펴보면 2030년까지 모두에게 적정 가격의 안전한 식수에 대한 보편적이고 공평한 접근을 달성해야 한다고 말합니다. 어족 자원과 관련된 경우는 더 시급합니다. 2020년까지 어획을 규제하고 남획을 종식하는 것을 목표로 하거든요. 다른 항목에서는 토지 사용을 향상하는 문제를 다루고 있는데, 2020년까지 산림에 대한 지속 가능한 관리 이행을 도모하고, 개발을 위한 산림파괴를 중단하며, 훼손된 산림을 복원하는 것을 말하고 있습니다. 2019년과 2020년, 아마존 열대우림의 넓은 지역이 불타고 있다는 사실을 고려하면 무엇보다 부담이 큰 우선 과제죠.

사실 유엔의 산하기관들은 193개 회원국 사이에서 리더쉽과 합의를 통해 움직이기 때문에 국가적 조치를 요구할 실질적인 힘이 없습니다. 그래도 국가들이 지속가능발전목표에 합의함으로써 그 과정을 정기적으로 평가할 수는 있습니다. 유엔은 회원국이 제공한 정보를 토대로 연간 보고서를 발행하게 되는데, 2018년 보고서는 산모 및 아동 사망률이 고무적인 수준으로 감소했다고 강조했으며, 100개가 넘는 나라들이 지속 가능한 식량 생산과 소비를 위한 발의를 소개하고 있다고 언급했습니다.

하지만 대부분의 목표는 달성될 가능성이 거의 없는 것이 현실입니다. 지구 온도의 상승을 보여주는 지표와 진전이 거의 없는 '기아 종식' 목표가 가장 실망스럽죠. 세계의 기아는 다시 늘어나고 있고, 5세 이하의 아동 수백 만이 여전히 체력 저하, 발육 부진, 비만 등으로 고통 받고 있는데, 저소득 계층에서 특히 심합니다. 지속가능발전목표의 달성이 더딘 상황은 정부가 정치적으로 까다로운 문제를 쉽게 외면하는 현실을 분명히 보여줍니다.

그럼에도 불구하고 우리가 지속가능발전목표나 건강한 사람들 계획에 관심을 가져야 하는 이유는 뭘까요? 세 가지 이유를 들 수 있습니다. 첫째, 많은 나라의 정부와 조직들이 지속가능발전목표를 통해 자신들의 행동과 의제를 정하기 때문입니다. 둘째, 그것 없이 과정을 평가하고 책임을 묻는 것이 불가능하기 때문이죠. 셋째, 시민 사회의 비정부기구들이 행동을 위한 구체적인 목표로 삼거나 자신들만의 목표를 세우는 데 영향을 줍니다. 아이러니하게도, 식품 회사들도 그렇게 하고 있어요. 제가 특히 흥미롭게 생각하는 기업 홍보 포스터가 하나 있는데, 거기에 이렇게 적혀 있었어요. "몬산토 기업은 지속가능발전목표 17개 모두에 기여합니다" (방법은 안 적혀 있습니다)

지속가능발전목표를 적극적으로 채택하고 이용하는 이유 중 하나는 화려하게 디자인된, 밝은 색상의 이미지와 제가 배지를 한 이유처럼 바로 알아볼 수 있는 상징성 때문이 아닐까 생각합니다. 유엔은 정부들에게 실천을 강요할 수 없지만, 시민사회 조직들과 더불어 그들에게 실천하도록 영감을 줄 수 있습니다.

유엔은 개인의 참여를 장려하려는 목표도 있습니다. '게으른 사람이 세상을 구하는 방법Lazy person's guide to saving the world.'이라는 지침을 발행하기도 했는데요. 여기에는 우리가 집 안팎에서 실천할 수 있는 기후 친화적인 방법들이 나열돼 있습니다.

그리고 정치에 참여하도록 아주 적극적으로 권장합니다. 특히 기후 변화와 관련해서 그렇습니다. "큰소리로 외칩시다! 직장과 정부에 인류와 지구를 구하는 계획에 동참하라고 요구하세요. 파리기후변화협약 Paris climate change Agreement을 지지한다고 목소리를 냅시다!"라고 말입니다. 푸드 시스템 문제를 신경 쓰는 사람들은 지속가능발전목표를 통해 기아, 비만의 폐해, 기후 변화를 줄이는 활동에 대한 자신의 지지를 드러낼 수 있습니다.

이러다 지구가
무너질 것 같아요

어떻게 하냐고요?
끊임없이 질문하는 자세는 그 자체로 가치가 있습니다.
계속 고민합시다.

〰〰〰   모두가 알다시피 농업이 문명의
기원이라고 합니다. 인간이 농작물을 재배하는 법을
알게 되면서 수렵과 채집을 하던 유목 생활에서 한 장
소에 뿌리를 두고 정착하는 생활로 전환이 일어났으
니까요. 이런 대격변으로 사회는 전보다 안전하게 식
량을 공급할 수 있게 됐죠.

하지만 아이러니하게도 지금 농업은 문명을 불안
정하게 만드는 방식으로 이루어지고 있습니다. 질병
과 심각한 기후 변화를 야기해서 세계의 식량 생산 능
력을 위협하고 있습니다. 그리고 많은 사람들이 돈이
없어서 건강한 식사를 할 수 없습니다.

이러다 지구가 무너질 것 같아요. 정말 그럴까요?
그런 상황에서 개인이 할 수 있는 일이 있나요? 사람
들은 다들 뭘 하고 있죠? 식품 운동을 한다고는 하는
데, 그걸로 푸드 시스템의 불평등한 구조가 개선되고
있기는 할까요?

~~~~~ 그린란드의 빙하가 무너져 내린
걸 보세요. 2019년 8월 1일, 그린란드에 있던 125억
톤의 물이 대서양으로 흘러 들어갔습니다. 어쨌든 앞
서 받은 이 질문은 가장 중요한 딜레마를 건드리고 있
는데요. 지구 온도를 더 높이지 않고 훨씬 더 많은 사
람을 기아와 만성 질병으로 고통 받는 많은 사람들을
구할 수 있을까 하는 문제, 그리고 그와 동시에 늘어나
는 세계 인구를 제대로 먹여 살릴 수 있는가, 하는 문
제 말입니다.

이 문제는 두 국제전문가 그룹이 제기한 질문과 정
확히 일치합니다. 저명한 의학전문 국제학술지인 「더
랜싯The Lancet」지의 위촉을 받은 이들은 2019년 1월에
열흘 간격으로 보고서를 발간했습니다. 첫 번째 보고
의 제목은 잇 랜싯EAT-Lancet인데, 후원한 비영리 단체
잇 포럼EAT Forum의 이름을 딴 것이죠. 잇 랜싯 위원회
는 현재 식단이 건강과 환경을 해친다는 증거들을 검
토했습니다. 그리고 검토한 내용에 기초해서 부유한
국가의 사람들에게 현재의 육류 소비는 반으로 줄이
고, 채소, 과일, 견과류의 섭취는 두 배로 늘릴 것을 촉

구하는 '지구를 위한 건강 식단Planetary Health Diet'을 만들었습니다.

짐작하시는 것처럼 육류 산업에서는 강하게 반발했습니다. 그런데 잇 랜싯이 제안한 식단은 비슷한 입장을 가진 사람들이나 같은 업계의 사람들로부터도 비판을 받았습니다. 하루에 고기 28g, 설탕 31g, 또는 감자 50g처럼, 세부적인 내용이 비현실적이었을 뿐만 아니라, 채식주의에 편향된 듯 보이는 의제, 잇 포럼 설립자들의 관심사와 상반되는 내용, 저소득 국가를 위한 권장 식단의 부적절성과 높은 비용 때문이었습니다.

비용 문제는 짚고 넘어갈 필요가 있습니다. 정치적 이유와 정책 때문에 건강한 식품의 가격이 울트라 가공식품보다 비싼 경우가 많거든요. 보통 식비 지출은 사람들의 수입 중에서 아주 적은 비율을 차지합니다. 미국에서는 평균 10% 이하죠. 하지만 그외 159개국에서 700개의 식품 가격을 조사한 결과는 심각했습니다. 잇 랜싯에서 제안한 지구를 위한 건강 식단은 너무 비싸서 전 세계의 사람들 중에서 15억 명이 넘는 사람들의 수입을 초과할 정도입니다. 그리고 그런 사람들은 대부분 사하라 이남 아프리카 지역과 남아시아에 살고 있습니다.

하지만 다른 지적을 듣고 있으면 당혹스러워요. 제가 볼 때 보고서를 제대로 읽지도 않은 게 분명하다는 의심이 들었고 심지어 열을 내며 비판한다는 생각마저 들었습니다. 물론, 작고 빽빽하게 인쇄된 글이 50쪽이나 된다는 사실을 생각하면 조금은 이해할 수는 있습니다. 하지만 그래서인지 잇 랜싯 위원회는 지구를 위한 건강 식단을 보여주는 삽화를 제공했습니다. 접시의 반은 과일과 채소가, 4분의1은 곡물이 차지하고 있는 모습이, 저한테는 2011년 미국 농무부가 제시한 마이플레이트 식품 가이드와 비슷해 보이더군요. 그램 단위로 구체적이고 연구 리뷰를 새로 업데이트했다는 점 빼고는 대단히 새로운 것도 없다고 생각했습니다. 그래도 식단에 대한 대부분의 반응을 통해 자원이 풍부한 인구를 위한 비현실적이고 그래서 감수성 떨어지는 식단 조언이, 미국과 같은 나라의 어려운 사람들뿐만 아니라 저소득층과 중산층 국가의 사람들한테 어떻게 보일 수 있는지는 알 수 있었죠.

반면, 랜싯 위원회의 두 번째 보고서인 「비만, 영양실조, 그리고 기후 변화의 글로벌 신데믹The Global Syndemic of Obesity, Undernutrition, and Climate Change」은 매우 획기적이라고 생각합니다. 하지만 난해한 제목 때문인지, 아니면 이미 한 주 전의 잇 랜싯 보고서 때문에 한바탕 소동이 있어서 그런지 몰라도, 이 보고서는 사람들과 언론의 관심을 거의 받지 못했습니다. 저는 그 사실이 너무 안타까웠습니다. 글로벌 신데믹 보고서는 푸드 시스템 문제에 관심을 가진 모든 사람이 읽어볼 만한 가치가 있거든요. 보고서의 저자들은 푸드 시스템 문제의 가장 큰 세 가지 문제Big Three인 기아, 비전염성 질병, 기후 변화를 하나로 보고 동시에 해결할 수 있는 로드맵을 제시했습니다. 두 개 이상의 질병이 동시 발생하면서 상호작용하는 것을 뜻하는 의료인류학 용어 '신데믹'을 사용한 것도 그 때문입니다. 이때까지 제가 본 것 중 가장 명확한 로드맵이었습니다.

이 보고서의 강점은 '소비 촉진적consumptogenic'인 경제 시스템이 문제의 근원이라는 사실을 아주 꼼꼼하게 밝히고 있다는 것입니다. '소비 촉진적 경제 시스템'은 자본주의를 에둘러서 표현한 말입니다. 이런 경제 시스템은 식품 기업들이 권력을 쥐고 공공의 재화를 사유화하며 회사들이 생산 비용을 외주화하는 것을 가능하게 만듭니다. 그리고 정부를 옴짝달싹할 수 없게 만들어 위험 요소를 제거하는 데 실패하게 되죠. 보고서는 이런 문제들을 해결하는 데 걸림돌이 되는 요소들을 잘 정리해서 밝히고 있습니다. 그것을 한마디로 정리하면 정치적으로 무력하기 때문인데, 약한 정부와 약한 시민 사회가 강력한 식품 업계를 상대하는 상황인 겁니다.

그럼 어떻게 해야 하냐고요? 보고서는 기아, 비만, 기후 변화를 동시에 해결하기 위해서 다음과 같은 네 가지 행동을 제시했습니다. 첫째, 붉은 고기를 적게 먹고, 둘째, 환경을 해치지 않는 식단의 가이드라인을 발행하며, 셋째, 식품 산업을 규제하고, 넷째, 푸드 시스템 전체를 규제하는 정치적 체계를 확립하는 것입니다.

푸드 시스템을 규제한다는 항목은 제가 주류 국제 보고서에서 이런 제안을 본 건 이번이 처음입니다. 게

다가 이 보고서는 확실한 실천 가이드라인을 제시하고 있습니다. 보조금 지급과 식품에 대한 감세 조치를 중단할 것, 생산 과정에서 생기는 외부 비용을 식품 기업이 부담할 것, 기업이 공중 보건 조치를 방해하지 못하게 할 것, 공공의 정책 결정 과정에 관여하지 못하게 할 것, 기업이 벌어들이는 돈과 정치적 기부금 사이의 이해 충돌을 드러내도록 요청할 것, 기업이 건강과 환경, 그리고 민주주의에 끼친 피해에 대해 전적인 책임을 물을 것 등입니다.

이런 제안들은 올바른 푸드 시스템을 위한 의제처럼도 느껴지기도 합니다. 자본주의 경제 시스템을 건강한 지구를 위한 경제 시스템으로 지금 당장 갈아치우자고 한다면 말도 안 되게 비현실적이라고 느끼겠지만, 현재 시스템을 개혁하는 것은 가능합니다. 정부가 기업을 규제하게 만들 수 없다면, 시민 사회를 강화하는 방향으로 눈을 돌리는 게 최선입니다. 공공의 관심사를 가진 비정부 기구와 시민 단체를 조직하는 일처럼요.

시민들은 이미 식품 기업들이 사회적 가치에 대한

성명을 발표하게 했을 뿐만 아니라, 제품 제조법을 개선하고 생산 폐기물을 줄이도록 압력을 가하고 있습니다. 우리가 학교 급식, 농산물 직판장, 식품 안전성에 대한 불안, 공정 무역, 정확한 상품표시, 음식물 쓰레기 등과 같은 일상의 여러 문제들을 해결하느라 정신없는 상황에서, 지구를 위해 푸드 시스템을 바꾸는 일까지 관심을 두기는 쉽지 않을 거예요. 그래도 우리는 더 큰 관점에서 볼 필요가 있습니다. 푸드 시스템이 더 나아지길 바란다면, 무엇을 어떻게 바꿀지에 대한 분명한 생각이 있어야 합니다. 그러려면 좋은 푸드 시스템을 옹호하기 위해 효과적으로 움직여야 합니다.

어떻게 하냐고요? 제가 계속 말씀드린 것처럼, 참여하고 목표를 달성하는 방법에 대해 끊임없이 질문하는 자세는 그 자체로 가치가 있습니다. 계속 고민합시다.

행동하세요.

저는 이 책에서 더 건강하고 지속 가능한 푸드 시스템을 옹호하자는 주장을 펼쳤습니다. 이를 위해 활동하고 있는 단체들도 많습니다. 이들은 언뜻 보면 건강, 환경, 지속적인 농업, 노동자의 권리, 동물 복지, 식품 안전성 등을 비롯해 제가 책에서 언급한 각각의 다양한 목표를 지향하는 것 같습니다. 하지만 전부 모아놓고 보면 하나의 운동이 됩니다. 그리고 이러한 운동의 영역은 결국 더 좋은 음식을 먹고자 하는 개인적 차원부터 식품 환경을 향상하려는 정치의 차원까지 모두 포함됩니다.

　이런 목표들을 지지하는 활동이 있기 때문에 우리는 올바른 방향으로 한 걸음 나아갈 수 있습니다. 이를 통해 개인의 건강을 위할 뿐만 아니라 농부와 다른 생산자, 식품 서비스업 종사자까지 모두 도울 수 있는 겁니다. 더 좋은 음식을 먹으려는 개인의 노력이 정말 식품 운동에 기여를 하는지, 아니면 그저 일시적 유행에 그칠 뿐인지는 저마다 생각이 다를 수 있겠죠.

　하지만 '굿 푸드Good Food' 운동*은 이미 식품 회사들이 제품의 제조법을 바꾸고, 공급망을 정비할 뿐만 아니라, 책임 있는 기업 행위를 공개적으로 인정하도록 만들었습니다. 저는 이 운동이 슈퍼마켓에 있는 신선식품의 품질을 높이는 데 한몫했다고 생각합니다. 농산물 직판장과 유기농 식품도 점점 구하기 쉬워지고 있어요. 대중이 식품과 관련된 문제에 더 많은 관심을 가지게 되기도 했습니다. 그리고 이건 제가 개인적으

---

*　프랑스와 이탈리아의 지역 전통에서 영감을 받은 요리사, 농부, 사업가, 미식가 등이 시작한 식품 운동으로, 지역에서 생산된 신선한 식자재를 강조했다.

로 가장 기쁘게 생각하는 부분은, 대학에서 진행하는 식품 연구 프로그램이 점점 늘고 있다는 사실입니다. 제가 몸담은 뉴욕대학이 1996년 식품 연구 프로그램을 시작했을 때는 그 연구를 찾아보기 힘들었지만, 이제는 많은 대학이 그런 프로그램을 제공하고 연구하고 있죠.

사실 이러한 운동이 대부분 금전적 여유가 있어야 가능합니다. 여유가 없는 사람들은 어떻게 할까요? 유기농 식품은 비쌉니다. 과일과 채소도 비싸죠. 요리에는 기술과 도구만 필요한 게 아니라 시간적 여유도 있어야 합니다. 모두가 대학에서 식품 연구 프로그램을 공부할 수 있는 것도 아니에요. 이러한 상황에서 더 나은 식품 선택에 대한 논의는 문화나 인종, 성별, 경제적 차이를 전혀 고려하지 않은 엘리트주의로 비치고, 평범한 일상을 사는 사람들과 거리가 멀게 느껴질 겁니다.

저는 늘 그런 비난을 듣고 있습니다만, 이를 진지하게 받아들이고 있습니다. 그런 지적들은 분명 논의할 가치가 있습니다. 무엇보다 제가 가장 강조하고 싶은 문제를 건드리고 있기 때문입니다. 푸드 시스템이 정말 제대로 발전하려면, 우리는 반드시 투표하고 정치에 직접적으로든 간접적으로든 참여해서 기업만이 아니라 모든 사람이 정당하게 혜택을 받도록 만들어야 합니다. 그것은 건강하고 지속 가능한 식품 선택이 쉬워지는 식품 환경, 즉 이용이 쉽고, 가격이 저렴하며, 상식적인 식품 환경을 만들어 나가는 것을 말합니다.

이를 위해 저는 가까이 있는 낮은 목표부터 시작하는 게 좋다고 생각합니다. 이를테면 학교 급식이나, 식품 지원 프로그램, 직장, 병원 등 우리가 사는 동네가 제공하는 여러 가지 식품의 수준을 향상하고 낭비를 줄이는 것을 들 수 있습니다. 식품 환경을 향상하는 일은 더 어렵겠지만 그렇다고 불가능한 건 아니에요. 울트라 가공식품에 경고 표시 붙이기, 아이들을 대상으로 한 정크 푸드 광고를 제한하기, 안전한 공공 급수대 설치 등도 마찬가지입니다. 이런 것들은 우리의 삶의 질을 향상하죠. 시스템을 바꾸는 것보다 전부 쉬운 일들입니다.

그래도 결국엔 현재 푸드 시스템의 근본적인 문제

를 손대지 않을 수 없을 것입니다. 시스템의 불균형을 해소하려면 충분한 임금을 보장하고 교육 및 의료 서비스, 그리고 지속 가능한 농업을 위한 정책, 대중교통 등을 장려해야 합니다. 그리고 모두가 건강한 음식을 먹을 수 있어야겠죠. 이러한 사회적 목표를 위해서는 정부와 민간 부문이 함께 노력해서 기업이 돈을 이용해서 정치에 마음대로 개입하지 못하게 만들어야 합니다.

구체적인 방법을 묻는다면, 사회 변화를 일으키는 좋은 방법들은 이미 잘 확립되어 있습니다. 당연히 개인보다 단체로 활동할 때 효과가 더 크고요. 단체가 크고 다양할수록, 그리고 지역사회와 밀접할수록 좋죠. 공동체를 조직하거나, 공중 보건학에 관심을 가지고 공부하고 프로그램을 기획하는 일 등도 활동에 포함됩니다.

올바른 푸드 시스템을 만드는 활동에 참여하고 싶다면, 해결하고 싶은 문제점과 방식을 찾기 위해서 개인이 아닌 단체로 움직여야 합니다. 다 같이 문제를 조사하고, 해결하기 위한 구체적 과제를 설정하고, 협력자를 모으고, 누가 당신이 바라는 변화를 이루어낼 힘을 가졌는지 알아내고, 행동으로 옮길 전략을 정하면서 캠페인을 발전시키는 과정을 함께 하는 겁니다. 그를 위해서 가급적 많은 사람이 운동에 참여하도록 설득하고 목표를 달성하기 위해 정치 제도를 이용하게 됩니다. 동료와 함께 편지와 성명서를 쓰고, 정치인을 만나야 할 수도 있습니다. 맞아요, 로비를 하는 겁니다.

일부 학생들은 이런 정치적인 부분 때문에 활동의 순수성이 훼손되는 것 같다고 하더군요. 어떤 염려인지는 알 것 같습니다. 제가 학생이었던 1960년대에는 그런 활동이 세상을 변화시킬 수 있다는 믿음이 있었습니다. 우리가 벌였던 시위가 베트남 전쟁을 끝내고, 미국 내 흑인과 여성의 인권을 향상하는 데 얼마나 도움이 됐는지 확인할 수 있었죠. 반격이 얼마나 거셀지는 미처 예상하지 못했지만, 분명 얻어낸 것들이 있었고 대부분 유지되고 있습니다.

오늘날에도 잘만 하면 여전히 효과를 발휘할 겁니다. 물론 지역사회가 대의를 위해 함께 노력해야겠죠. 캘리포니아주 버클리Berkeley시의 소다세 캠페인이 확실한 예입니다. 지역사회의 각 부문을 대표하는 사람들이 모두 참여해 캠페인을 조직했습니다. 그리고 활동의 정석을 보여주었죠. 그들은 다른 지역사회와 연계해서 국민 발의를 계획하고 캠페인의 진행 방식을 결정했습니다. 버클리의 모든 동네를 직접 방문하고 다양한 소득 수준을 가진 여러 사람을 만났고요. 탄산음료 회사의 마케팅과 가당 음료, 제2형 당뇨의 관계를 설명했죠. 세금까지 부과하는 건 너무하지 않느냐는 반발에 대해서는 너무한 것은 당뇨라고 강하게 응수했습니다. 그리고 저소득층 거주민에게 그렇게 걷힌 세금의 사용처에 대한 발언권을 약속했습니다. 약속이 이행되자, 유권자의 76%가 세금 징수에 찬성하게 됐죠.

올바른 식품을 위해서 활동하고 싶다면 우선 자신이 중요하게 생각하는, 해결하고 싶은 문제를 정하세요. 그리고 함께할 단체를 찾으면 됩니다. 아마 검색해보면 당신이 사는 지역에 있는 단체들을 찾을 수 있을 것입니다.

활동하다 보면 종종 맞닥뜨리는 장애물이 하나 있는데, 이 일을 해서 돈은 벌 수 있을까 하는 문제죠. 활동가들은 자신보다 이미 훨씬 더 가진 게 많고 로비 활동으로 후한 보상을 받는 골리앗과 상대하는 다윗의 입장입니다. 제게 식품 운동을 하는 단체들을 한데 모아 거대한 연합체로 결속할 수 있는 마법의 힘이 있다면 얼마나 좋을까요. 단체들을 더 잘 조직하고 연합을 구축해서 자금을 효율적으로 모으고, 모든 식품 운동 단체들이 특정한 목표뿐만 아니라 근본적인 제도 변화를 위해 실질적이고 현실적인 노력을 기울이도록 만들고 싶거든요.

하지만 이런 바람이 이루어지지 않더라도, 식품 운동 조직에 참여하고 활동을 도와야 합니다. 그 자체만으로도 시스템이 바뀔 수 있다는 희망을 주니까요. 개인으로서 할 수 있는 일이 또 뭐가 있는지 아세요? 그건 바로 공직에 출마하는 겁니다! 하지만 정치에 직접 몸담는 일이 너무 부담스럽다면 다른 선택들도 많아요. 뜻이 같은 정치 후보자들을 지지할 수도 있고 자원봉사도 있죠. 하지만 그중에서 제일은 투표하는 겁니다. 친구와 동료들에게 투표를 독려하는 것입니다. 이러한 변화는 자신과 가족, 이웃과 전 세계에 많은 도움을 주게 될 겁니다.

참고문헌

들어가며

International Panel of Experts on Sustainable Food Systems.
COVID-19 and the crisis in food systems: symptoms, causes, and
potential solutions. IPES-Food, April 2020.

Nestle M. A food lover's love of nutrition science, policy, and politics.
European Journal of Clinical Nutrition. 2019;73:1551–1555.

1. 건강한 식단은 개인의 몫일까

Bowen S, Brenton J, Elliott S. Pressure Cooker: Why Home Cooking
Won't Solve Our Problems and What We Can Do About It. New
York: Oxford University Press; 2019.

FAO. Food-based dietary guidelines. Rome, 2019.

FAO, WHO. Sustainable healthy diets — guiding principles. Rome, 2019.

Lawrence MA. Ultra-processed food and adverse health outcomes. BMJ.
2019;365:l2289.

Monteiro CA, Cannon G, Levy RB, Moubarac J-C, Louzada MLC,
Rauber F, et al. Ultra-processed foods: what they are and how to
identify them. Public Health Nutrition. 2019;22(5):936–941.

Nestle M. Mediterranean diets: historical and research overview.
American Journal of Clinical Nutrition. 1995;61(suppl):1313s–1320s.

— — —. What to Eat. New York: North Point Press / Farrar, Straus and Giroux; 2006.

Pollan M. Food Rules: An Eater's Manual. New York: Penguin; 2009.

USDA, HHS. Dietary guidelines for Americans, 2015–2020.

Willett W, Rockström J, Loken B, Springmann M, Lang T, Vermeulen S, et al. Food in the Anthropocene: the EAT-Lancet Commission on healthy diets from sustainable food systems. Lancet. 2019;393(10170):447–492.

2. 커피, 와인, 달걀은 몸에 좋은 음식일까

Barnard ND, Long MB, Ferguson JM, Flores R, Kahleova H. Industry funding and cholesterol   research: a systematic review. American Journal of Lifestyle Medicine. Published online December 11, 2019.

Nestle M. Food Politics: How the Food Industry Influences Nutrition and Health. Berkeley: University of California Press; 2002. 10th anniversary ed.; 2013. See "Appendix: Issues in Nutrition and Nutrition Research," 413–423.

——— . Unsavory Truth: How Food Companies Skew the Science of What We Eat. New York: Basic Books; 2018.

——— . What to Eat. New York: North Point Press / Farrar, Straus and Giroux; 2006.

USDA, HHS. Dietary guidelines for Americans, 2015–2020.

3. 프렌치프라이를 어떻게 딱 하나만 먹나요

Katz DI, Meller S. Can we say what diet is best for health? Annual Review of Public Health. 2014;35:83–103.

Nestle M. What to Eat. New York: North Point Press / Farrar, Straus and Giroux; 2006.

Shan Z, Guo Y, Hu FB, Liu L, Qi Q. Association of low-carbohydrate and low-fat diets with mortality among U.S. adults. JAMA Internal

Medicine. January 21, 2020 (epub ahead of print).

4. 세상엔 맛있는 것들이 너무 많아

Brownell KD, Gold MS. Food and Addiction: A Comprehensive Handbook. New York: Oxford University Press; 2012.

Hall KD, Ayuketah A, Bernstein S, Brychta R, Cai H, Cassimatis T, et al. Ultra-processed diets cause excess calorie intake and weight gain: a one-month inpatient randomized controlled trial of ad libitum food intake. Cell Metabolism. 2019;30(1):67–77.e3.

Moss M. Salt Sugar Fat: How the Food Giants Hooked Us. New York: Random House; 2013.

5. 가짜 고기가 인간과 지구를 위해 정말 더 나은 선택일까

Hu FB, Otis BO, McCarthy G. Can plant-based meat alternatives be part of a healthy and sustainable diet? JAMA. August 26, 2019 (epub ahead of print).

Pew Commission on Industrial Farm Animal Production. Putting meat on the table: industrial farm animal production in America.

Pew Charitable Trusts and Johns Hopkins Bloomberg School of Public Health, 2008.

Specht L. Is the future of meat animal-free? Food Technology.2018;72(1):16–21.

Van der Weele C, Feindt P, van der Goot AJ, van Mierlo B, van Boekel M. Meat alternatives: an integrative comparison. Trends in Food Science and Technology. 2019;88:505–512.

Wurgaft BA. Meat Planet: Artificial Flesh and the Future of Food. Oakland: University of California Press; 2019.

6. 영양보조제는 우리 몸에 도움이 될까

Berkeley Wellness Letter. Dietary supplements: we can do better. University of California, July 31, 2019.

Cohen PA. The supplement paradox: negligible benefits, robust consumption. JAMA. 2016;316(14):1453–1454.

FDA. Dietary supplements.

― ― ― . Label claims for foods and dietary supplements.

Nestle M. Unsavory Truth: How Food Companies Skew the Science of What We Eat. New York: Basic Books; 2018.

― ― ― . What to Eat. New York: North Point Press / Farrar, Straus and Giroux; 2006.

Pomeranz JL, Adler S. Defining commercial speech in the context of food marketing. Journal of Law, Medicine and Ethics. 2015;43(suppl 1):40–43.

Scrinis G. Nutritionism: The Science and Politics of Dietary Advice. New York: Columbia University Press; 2013.

7. 어째서 지구의 누군가는 늘 굶주리는 걸까

Fisher A. Big Hunger: The Unholy Alliance between Corporate America and Anti-Hunger Groups. Cambridge, MA: MIT Press;2017.

Keith-Jennngs B, Llobrera J, Dean S. Links of the Supplemental Nutrition Assistance Program with food insecurity, poverty, and health: evidence and potential. American Journal of Public Health. 2019;109(12):1636–1640.

Nestle M. Hunger in America: a matter of policy. Social Research. 1999;66(1): 257–282.

― ― ― . The Supplemental Nutrition Assistance Program (SNAP): history, politics, and public health implications. American Journal of Public Health. 2019;109(12):1631–1635.

Nestle M, Guttmacher S. Hunger in the United States: rationale, methods, and policy implications of state hunger surveys. Journal of Nutrition Education. 1992;24:18s–22s.

Poppendieck J. Breadlines Knee-Deep in Wheat: Food Assistance in the Great Depression. Berkeley: University of California Press;2014.

— — — . Sweet Charity? Emergency Food and the End of Entitlement. New York: Viking; 1998.

Schwartz M, Levi R, Lott M, Arm K, Seligman H. Healthy Eating Research nutrition guidelines for the charitable food system. Durham, NC: Healthy Eating Research; 2020.

Quigley WP. Five hundred years of English Poor Laws, 1349–1834:regulating the working and nonworking poor. Akron Law Review. 1997;30(1).

8. 과식을 부추기는 사회

Brownell KD. Food Fight: The Inside Story of America's Obesity Crisis — and What We Can Do About It. New York: McGraw-Hill;2003.

Harris JL, Frazier W III, Kumanyika S, Ramierez AG. Rudd report: increasing disparities in unhealthy food advertising targeted to Hispanic and Black youth. Rudd Center for Food Policy and Obesity and Council on Black Health, University of Connecticut, January 2019.

Nestle M, Jacobson MF. Halting the obesity epidemic: a public health policy approach. Public Health Reports. 2000;115:12–24.

Nestle M, Nesheim M. Why Calories Count: From Science to Politics. Berkeley: University of California Press; 2012.

Young LR, Nestle M. Reducing portion sizes to prevent obesity: a call to action. American Journal of Preventive Medicine 2012;43(5):565–568.

9. 돈과 정치, 그리고 음식

Isoldi KK, Dalton S, Rodriguez DP, Nestle M. Classroom "cupcake" celebrations: observations of foods offered and consumed. Journal of Nutrition Education and Behavior. 2012;44(1):71–75.

Kogan R. Rollback of nutrition standards not supported by evidence. Health Affairs. March 13, 2019.

Nestle M. Food Politics: How the Food Industry Influences Nutrition and Health. Berkeley: University of California Press; 2002. 10th anniversary ed.; 2013.

——— . Soda Politics: Taking on Big Soda (and Winning). New York: Oxford University Press; 2015.

Poppendieck J. Free for All: Fixing School Food in America. Berkeley: University of California Press; 2010.

Siegel BE. Kid Food: The Challenge of Feeding Children in a Highly Processed World. New York: Oxford University Press; 2019.

Waters A. Edible Schoolyard: A Universal Idea. San Francisco:Chronicle Books; 2008.

White House Task Force on Childhood Obesity. Report to the president: solving the problem of childhood obesity within a generation. The White House, May 2010.

10. 음식에 안전이 지켜지지 않는 이유

Capel PD, McCarthy KA, Coupe RH, Grey KM, Amenumey SE, Baker NT, et al. Agriculture — a river runs through it — the connections between agriculture and water quality. U.S. Geological Survey Circular 1433, 2018.

FDA. 2018 summary report on antimicrobials sold or distributed for use in food-producing animals. December 2019.

GAO. High-risk series: substantial efforts needed to achieve greater progress on high-risk areas. GAO-19–157SP. March 2019:195–197.

Hanna-Attisha M. What the Eyes Don't See: A Story of Crisis, Resistance, and Hope in an American City. New York: One World;2018.

Marler B. 10 things food safety expert, Bill Marler, does not eat. Marler Blog, June 19, 2018.

Nestle M. Safe Food: The Politics of Food Safety. Berkeley: University of California Press; 2003. Rev. ed.; 2013.

Rather IA, Koh WY, Paek WK, Lim J. The sources of chemical contaminants in food and their health implications. Frontiers in Pharmacology. 2017;8:830. Published online November 17, 2017.

Richtel M. Tainted pork, ill consumers and an investigation thwarted. New York Times, August 4, 2019.

11. 먹거나 버리거나. 음식의 40%를 버리는 이유

Flanagan K, Robertson K, Hanson C. Reducing food loss and waste: setting a global action agenda. World Resources Institute, August 2019.

GAO. Food loss and waste: building on existing federal efforts could help to achieve national reduction goal. GAO-19–391. June 2019.

USDA Economic Research Service. Food loss: estimates of food loss at the retail and consumer levels. www.ers.usda.gov/dataproducts/food-availability-per-capita-data-system/food-loss/

12. 지속 가능한 방식으로 전 세계를 먹여 살릴 수 있을까

Congressional Research Service. U.S. international food assistance: an overview. December 6, 2018.

Leahy S. Insect "apocalypse" in U.S. driven by 50x increase in toxic pesticides. National Geographic, August 6, 2019.

Nestle M, Dalton S. Food aid and international hunger crises: the United States in Somalia. Agriculture and Human Values.1994;11(4):19–27.

Pew Commission on Industrial Farm Animal Production. Putting meat on the table: industrial farm animal production in America. Pew Charitable Trusts and Johns Hopkins Bloomberg School of Public Health, 2008.

Schechinger AW, Cox C. Feeding the world: think U.S. agriculture will end world hunger? Think again. Environmental Working Group, October 2016.

World Integrated Trade Solution. Sub-Saharan Africa food products imports by country 2018.

13. 당신이 좋아하는 음식이 만들어지는 방식

Business Roundtable. Statement on the purpose of a corporation. August 2019.

Gálvez A. Eating NAFTA: Trade, Food Policies, and the Destruction of Mexico. Oakland: University of California Press; 2018.

Goodman PS. Big Business pledged gentler capitalism. It's not happening in a pandemic. New York Times, April 13, 2020.

Holt-Giménez E. A Foodie's Guide to Capitalism: Understanding the Political Economy of What We Eat. New York: Monthly Review Press; 2017.

Nestle M. Soda Politics: Taking on Big Soda (and Winning). New York: Oxford University Press; 2015.

Otero G. The Neoliberal Diet: Healthy Profits, Unhealthy People. Austin: University of Texas Press; 2018.

Planet Fat. New York Times, May 2, 2017–January 9, 2019.

Schwab K. Davos Manifesto 2020: The universal purpose of a company in the fourth industrial revolution. World Economic Forum. December 2, 2019.

14. 우리가 먹는 것들과 기후 변화의 상관관계

EPA. Inventory of U.S. greenhouse gas emissions and sinks. See Draft Inventory, 1990–2018.

Evich HB. It feels like something out of a bad sci-fi movie. Politico, August 4, 2019.

Intergovernmental Panel on Climate Change. Climate change and land: an IPCC special report. 2019.

Lindsey R. Climate change: atmospheric carbon dioxide. NOAA Climate. gov, February 20, 2020.

Regeneration International. Why regenerative agriculture? 2019.

Scheelbeek PFD, Bird FA, Tuomisto HL, Green R, Harris FB, Joy EJM, et al. Effect of environmental changes on vegetable and legume yields and nutritional quality. Proceedings of the National Academies of Science, USA. 2018;115(26):6804–6809.

World Resources Institute. Creating a sustainable food future: a menu of solutions to feed nearly 10 billion people by 2050. Final report, July 2019.

Zhu C, Kobayashi K, Loladze I, Zhu J, Jiang Q, Xu X, et al. Carbon dioxide (CO_2) levels this century will alter the protein, micronutrients, and vitamin content of rice grains with potential health consequences for the poorest rice-dependent countries. Science Advances. 2018;4(5):eaaq1012.

15. 3D 기계가 쿠키와 피자를 만든다면

Bollinedi H, Dhakane-Lad J, Krishnan SG, Bhowmick PK, Prabhu KV, Singh NK, et al. Kinetics of -carotene degradation under different storage conditions in transgenic Golden Rice® lines. Food Chemistry. 2019;278:773–779.

Gleizer S, Ben-Nissan R, Bar-On YM, Shamshoum M, Bar-Even A, Milo R. Conversion of Escherichia coli to generate all biomass carbon from CO 2 . Cell. 2019;179(6):1255–1263.e12.

Nestle M. Safe Food: The Politics of Food Safety. Berkeley: University of California Press; 2003. Rev. ed.; 2013.

——. Traditional models of healthy eating: alternatives to technofood. Journal of Nutrition Education. 1994;26:241–245.

——. What to Eat. New York: North Point Press / Farrar, Straus and Giroux; 2006.

16. 지속가능발전목표는 정말 지속 가능한 것일까

Eyal N, Sjöstrand M. On knowingly setting unrealistic goals in public health. American Journal of Public Health. 2020;110(4):480–484.

Galatsidas A. Sustainable Development Goals: changing the world in 17 steps—interactive. The Guardian, January 19, 2015.

Office of Disease Prevention and Health Promotion. About Healthy People.

Taylor & Francis. Sustainable Development Goals online: a curated library. www.taylorfrancis.com/sdgo/

United Nations. Sustainable Development Goals: knowledge platform. https://sustainabledevelopment.un.org/

United Nations. The Sustainable Development Goals report 2018.

17. 이러다 지구가 무너질 것 같아요

Hirvonen K, Bai Y, Headey D, Masters WA. Affordability of the EAT–Lancet reference diet: a global analysis. Lancet Global Health. Published online November 7, 2019.

Swinburn BA, Kraak VI, Allender S, Atkins VJ, Baker PI, Bogard JR, et al. The global syndemic of obesity, undernutrition, and climate change: The Lancet Commission report. Lancet. 2019;393(10173):791–846.

Willett W, Rockström J, Loken B, Springmann M, Lang T, Vermeulen S, et al. Food in the Anthropocene: the EAT-Lancet Commission on healthy diets from sustainable food systems. Lancet. 2019;393(10170):447–492.

나오며

Association for the Study of Food and Society. This association's website lists food studies programs and resources: www.foodculture.org

Bobo K, Kendall J, Max S. Organizing for Social Change: Midwest Academy Manual for Activists, 4th ed. Santa Ana, CA: Forum Press; 2010.

Civil Eats. This site lists food advocacy organizations at https:// civileats.com/resources

Food Tank. This group presents "120 organizations creating a new decade for food" at https://foodtank.com/news/2019/12/120-organizations-creating-a-new-decade-for-food

Friends Committee on National Legislation. Advocacy resource: how to meet with Congress. www.fcnl.org/updates/how-to-meetwith-congress-19

Jayaraman S, De Master K, eds. Bite Back: People Taking On Corporate Food and Winning. Oakland: University of California Press; 2020. See Hertz J, "Afterword: Taking Action to Create Change," 209–221.

Lee MM, Falbe J, Schillinger D, Basu S, McCulloch CE, Madsen KA. Sugar-sweetened beverage consumption 3 years after the Berkeley, California, sugar-sweetened beverage tax. American Journal of Public Health. 2019;109(4):637–639.

Nestle M. Soda Politics: Taking on Big Soda (and Winning). New York: Oxford University Press; 2015.

Pollan M. Big Food strikes back: why did the Obamas fail to take on corporate agriculture? New York Times, October 5, 2016.

World Cancer Research Fund. NOURISHING database of implemented policies to promote healthy diets and reduce obesity. www.wcrf.org/int/policy/nourishing-database

함께 읽으면 좋은 책들

Berry W. Bringing It to the Table: On Farming and Food. Berkeley, CA: Counterpoint; 2009.

FAO. Nutrition and food systems: a report by the High Level Panel of Experts on Food Security and Nutrition of the Committee on World Food Security. Rome, September 2017.

Gussow JD. Chicken Little, Tomato Sauce and Agriculture: Who Will Produce Tomorrow's Food? New York: Bootstrap Press; 1991.

Hauter W. Foodopoly: The Battle over the Future of Food and Farming in America. New York: New Press; 2012.

Jayaraman S. Behind the Kitchen Door. Ithaca, NY: ILR Press; 2013.

Kuhnlein HV, Erasmus B, Spigelski D. Indigenous Peoples' Food Systems: The Many Dimensions of Culture, Diversity and Environment for Nutrition and Health. Rome: FAO and Centre for Indigenous Peoples' Nutrition and Environment; 2009.

Lappé FM. Diet for a Small Planet, 20th anniversary ed. New York: Ballantine Books; 1991. 50th anniversary ed.; 2021.

Lerza C, Jacobson M. Food for People, Not for Profit: A Sourcebook on the Food Crisis. New York: Ballantine Books; 1975.

Loza M. Defiant Braceros: How Migrant Workers Fought for Racial, Sexual, and Political Freedom. Chapel Hill: University of North Carolina Press; 2016.

Miller D. Farmacology: What Innovative Family Farming Can Teach Us about Health and Healing. New York: William Morrow; 2013.

Mintz S. Sweetness and Power: The Place of Sugar in Modern History.

New York: Viking; 1985.

Nesheim MC, Oria M, Yih PT, eds. A Framework for Assessing Effects of the Food System. Washington, DC: National Academies Press; 2015.

Patel R. Stuffed and Starved: The Hidden Battle for the World Food System. New York: Melville House; 2012.

Penniman L. Farming While Black: Soul Fire Farm's Practical Guide to Liberation on the Land. White River Junction, VT: Chelsea Green Publishing; 2018.

Pollan M. The Omnivore's Dilemma: A Natural History of Four Meals. New York: Penguin; 2006.

Sbicca J. Food Justice Now! Deepening the Roots of Social Struggle. Minneapolis: University of Minnesota Press; 2018.

Schlosser E. Fast Food Nation: The Dark Side of the All-American Meal. New York: Houghton Mifflin; 2001.

Simon M. Appetite for Profit: How the Food Industry Undermines Our Health and How to Fight Back. New York: Nation Books;2006.

Wilde P. Food Policy in the United States: An Introduction. 2nd ed. Abington, UK: Earthscan; 2020.

Winne M. Food Rebels, Guerrilla Gardeners, and Smart-Cookin' Mamas: Fighting Back in an Age of Industrial Agriculture. Boston: Beacon Press; 2010.

우리가 음식을 먹을 때 말하지 않는 것들

초판 1쇄 발행 | 2022년 8월 12일

지은이 | 매리언 네슬, 케리 트루먼
옮긴이 | 솝희
펴낸이 | 조미현

책임편집 | 박이랑
디자인 | studio forb

펴낸곳 | 현암사
등록 | 1951년 12월 24일·제10-126호
주소 | 04029 서울시 마포구 동교로12안길 35
전화 | 02-365-5051
팩스 | 02-313-2729
전자우편 | editor@hyeonamsa.com
홈페이지 | www.hyeonamsa.com

ISBN 978-89-323-2240-7 (03300)